AF548273

Wilhelm Rennebaum - ZEITREISEN

WILHELM RENNEBAUM

ZEITREISEN

Kurzgeschichten

Shaker Media

Bibliografische Information der Deutschen Nationalbibliothek
Die Deutsche Nationalbibliothek verzeichnet diese Publikation in der Deutschen Nationalbibliografie; detaillierte bibliografische Daten sind im Internet über http://dnb.d-nb.de abrufbar.

Printed in Germany.

ISBN 978-3-98903-026-8

Shaker Media GmbH • Am Langen Graben 15 a • 52353 Düren
Telefon: 02421 / 99 0 11 - 40 • Telefax: 02421 / 99 0 11 - 49
Internet: www.shaker-media.de • E-Mail: info@shaker-media.de

Für

Jil, Sophie, Emma, Henri, Mila, Marta

und natürlich auch für Josefine

Alle Dinge haben ihre Zeit,

auch die guten.

Michel de Montaigne

Französischer Schriftsteller und Philosoph (1533 – 1592)

Inhalt

Das ganz andere Leben

Es soll Menschen geben, die nachts niemals träumen. Jedenfalls behaupten sie das, sind sogar fest davon überzeugt.

Udo Spranger - angesehener Steuerberater mit Doktortitel - hielt sich für einen dieser seltenen Exemplare von Nichtträumern. Er prahlte damit, wie ein Murmeltier zu schlafen, ohne je von schaurig-schönen oder angsteinflößenden Träumen gestört worden zu sein. „Das ist einfach wunderbar“, erklärte er allen, ob sie es wissen wollten oder nicht. „Meine Nächte sind wie Kurzurlaube. Äußerst erholsam.“

Aber dann, kurz nach seinem achtundfünfzigsten Geburtstag, veränderte sich alles. Und es war keine Sinnestäuschung. Udo musste sich eingestehen, dass er plötzlich begonnen hatte zu träumen, mehr noch, dass er seit einigen Wochen fast jede Nacht träumte.

Und es war immer der gleiche Traum. Ein Traum, in dem er wie im Rausch sämtliche Steuerunterlagen seiner Klienten verbrannte, in dem er seine piekfeinen, direkt am Marktplatz gelegenen Büroräume über Nacht völlig leerräumte und draußen an der Eingangstür einen großen Aufkleber ‚Praxis dauerhaft geschlossen‘ anbrachte. Im Traum sah sich Udo dabei übermütig in die Hände klatschen, so als wäre eine übergroße Last von seinen Schultern gefallen.

Dass er plötzlich von einem Nichtträumer zu einem Träumer geworden war, verunsicherte ihn. Dass er immer den gleichen Traum träumte, verunsicherte ihn noch mehr. Und dass er sich geradezu danach zu sehnen schien, seine gutgehende Steuerberatungspraxis von einem Tag auf den anderen zu schließen, machte ihn mehr als nachdenklich.

Vielleicht ist das Ganze ja ein mehr oder weniger versteckter Fingerzeig, mein Leben zu ändern, dachte er. Vielleicht sogar komplett auf den Kopf zu stellen.

Glücklich, wirklich glücklich war er mit dem, wie er lebte und was er tagein, tagaus tat, ja nun wirklich nicht mehr.

Die Steuerberatungspraxis war für Jahrzehnte der Dreh- und Angelpunkt seines Lebens gewesen. Aber das war schon seit einiger Zeit nicht mehr so. Udo war zunehmend unzufrieden mit sich, mit seiner Arbeit. An manchen Tagen fühlte er sich in seinem eigenen Büro völlig fehl am Platz. Neue Impulse, spannende Herausforderungen... da kam nichts... rein gar nichts mehr. Das Tagesgeschäft war für ihn zu einer lästigen - wenngleich überaus gut bezahlten - Routine degeneriert.

Die Frage, wie es mit seinem Leben weitergehen sollte, beschäftigte ihn schon seit Jahren. Aber jetzt hatte dieser merkwürdige Traum alles noch einmal nach oben gespült.

In seinem Alter, in dem mehr Lebenszeit hinter ihm als vor ihm lag, spürte er den enormen Druck. Wollte er wirklich noch einmal etwas in seinem Leben verändern, wollte er wirklich aus dem ungeliebten alten Trott heraus, dann müsste er endlich etwas tun. Halbherzige Gedankenspiele, feiges Zögern führten zu nichts. Mutige Entscheidungen mussten her. Und Taten.

Und dieses Mal machte Udo tatsächlich Nägel mit Köpfen. Gut überlegt und ohne große Hektik entschied er, was zu tun sei. Und jeder der Schritte brachte ihn näher an das Ziel, sein bisheriges Leben von Grund auf zu ändern. Nichts sollte mehr so sein wie früher. Wenn er daran dachte, spürte er, wie ein unbändiges Glücksgefühl seinen Körper durchströmte.

Ganz oben auf seiner To-do-Liste stand der Verkauf seiner äußerst profitabel arbeitenden Steuerberatungspraxis. Wie auf Knopfdruck und fast zeitgleich meldeten sich zwei große, überregional tätige Konkurrenten mit Übernahmeangeboten, die schon von Anfang an deutlich höher lagen als von ihm im günstigsten Fall erwartet worden war. Udo erkannte die Gunst der Stunde und pokerte hoch. Mit Cleverness und erstaunlichem Fingerspitzengefühl schaffte er es, den einen gegen den anderen Bieter auszuspielen. Und machte alles richtig. Zum Jahresbeginn 2012 wechselte seine Steuerberaterpraxis zu einem nie für möglich gehaltenen Preis den Eigentümer.

Zumindest finanziell stand sein neues Leben auf mehr als solidem Untergrund.

Den Kiosk, um den sich bei Udo alles zu drehen schien, hatte er zu diesem Zeitpunkt bereits gekauft. Zugegeben... in Nähe der Endstation der Straßenbahnlinie 8 lag dieser Kiosk nicht gerade in der schönsten Ecke der Stadt. Zugegeben... die Ansammlung der in unmittelbarer Nähe liegenden Wohnblocks aus den 1950-er und 60-er Jahren war nicht gerade schönheitspreisverdächtig.

In Neurath wohnten Leute, die gegen Monatsende meist knapp bei Kasse waren. Aber hier wurde gelebt. Wirklich gelebt. Und gerade das war es, was Udo suchte, wo er sich nach sehnte. Denn das ganz normale Leben war in den letzten Jahren völlig an ihm vorbeigegangen. Er hatte sich hinter seiner Arbeit verschanzt, hatte Einladungen ausgeschlagen, Freundschaften und Hobbys nicht mehr gepflegt. Ja, er hatte sich mehr und mehr isoliert, war zum Eigenbrötler geworden. Bis auf eine kurze Affäre mit einer temperamentvollen Lehrerin aus Utrecht hatte er immer allein gewohnt.

Ja, er hatte viel zu viel verpasst. In seinem neuen Leben wollte Udo endlich wieder unter Menschen, er wollte alles dafür tun, sozial stärker eingebunden zu sein. Egal um was es ging. Deshalb war er auf die Idee gekommen, einen Kiosk zu übernehmen. Ein Kiosk... das war etwas ganz Besonderes... weit mehr als ein gewöhnlicher Laden. Kioske waren für die Leute wichtige Treffpunkte, vielleicht sogar die einzigen Treffpunkte, um miteinander ins Gespräch zu kommen. Als Betreiber eines Kiosks bot sich ihm die Chance seines Lebens: Statt - wie bisher - nur ‚außen vor' zu bleiben, würde er plötzlich ‚mittendrin' im Leben stehen. Und das jeden Tag aufs Neue.

‚Udos Büdchen' roch noch ein wenig nach frischer Farbe, als es an einem sonnigen Dienstagmorgen - kurz nach Ende der Sommerferien - eröffnet wurde. Das eigenwillig geformte sechseckige, kleine Lädchen, das zuvor zwei Jahre leer gestanden hatte, war innen und außen mit viel Herzblut und Geld restauriert worden. Udo freute sich, dass es den Anwohnern von Neurath zu gefallen schien. Am Eröffnungstag gab es jedenfalls großes Gedränge.

„Wow, ist ja ein echtes Superding geworden", rief ein vielleicht Vierzehnjähriger und strich sich lässig die Haare aus dem Gesicht. „Respekt, Herr Udo. Hast wohl im Lotto gewonnen, wusstest nicht wohin mit all dem Geld." Einige lachten oder klatschten Beifall. „Endlich tut sich was in Neurath." „So etwas hat hier wirklich gefehlt, sogar die farbigen Stehtische sind Klasse. Kompliment." So oder ähnlich hörte man die Leute reden. Als jemand frotzelte: „Sieht fast schon zu vornehm für unsere Gegend aus", wurde er freundlich ausgebuht.

Und dann kamen Fragen wie: „Dieser Udo... wer ist das eigentlich?" „Wo kommt der überhaupt her?" „Ob der hier bei uns wohl klarkommen wird?" „Soll ja sogar einen Doktortitel haben, stell dir vor... ein Trinkhallenbesitzer mit Doktortitel." „Doktor Kiosk", flachste jemand. „Ist das nicht total verrückt?"

Zur Feier des Tages ließ Udo Luftballons und Papierfähnchen in Rot und Grün verteilen, den Traditionsfarben des örtlichen Fußballvereins. Sogar einen Drehorgelspieler hatte er engagiert, der mit Strohhut, luftigem Sommerschal und blau-weißem Ringelpulli fast schon verwegen aussah. Ein besonderes Exemplar von Leierkastenmann... mit Charme und Humor. Ein Kavalier der alten Schule, nicht auf den Mund gefallen. Immer noch geübt darin, jungen und nicht mehr ganz so jungen Frauen wunderbare Komplimente zu machen.

Pünktlich gegen elf Uhr kam er angerattert... der in einem dunklen Blau mit goldenem Schriftzug lackierte historische Salonwagen der städtischen Straßenbahn... und stoppte mit einem deutlich hörbaren Knirschen direkt vor Udos Büdchen. Als er ausstieg, hatte Oberbürgermeister Peter Vandesand längst sein Politikerlächeln aufgelegt, winkte den Pressefotografen und den Schaulustigen freundlich zu und hörte zu seinem Erstaunen, wie der Drehorgelspieler gerade in diesem Moment den ‚Kaiserwalzer' spielte.

Diese Steilvorlage ließ sich der gewiefte Kommunalpolitiker nicht nehmen. Im Namen der ganzen Stadt bedankte er sich bei Doktor Spranger artig für sein einzigartiges, bürgernahes Engagement – „gerade hier und an dieser Stelle unserer schönen Stadt" - und wünschte ihm alles erdenklich Gute für sein in jeder Hinsicht wichtiges Vorhaben. Und... dann lächelte Vandesand verschmitzt: „Dass ich hier - wie gerade vor wenigen Minuten geschehen - mit dem ‚Kaiserwalzer' von Johann Strauss so freundlich und schwungvoll begrüßt worden bin... vielen herzlichen Dank dafür. Im Rathaus hat man mich mit Walzerklängen noch nie überrascht. Nicht einmal zu meinem runden Geburtstag."

Als der Oberbürgermeister am nächsten Morgen beim Frühstück die Lokalzeitungen durchblätterte, war er mehr als zufrieden. Perfekte Fotos ... mit Doktor Spranger vor dem frisch renovierten Kiosk... im Gespräch mit einigen Bewohnern von Neurath... oder zusammen mit dem pfiffigen Leierkastenmann inmitten von lachenden Kindern.

Die Geschichte des renommierten Steuerberaters, der plötzlich alles hinwirft, seinem Leben eine völlig andere Richtung gibt, um einen Kiosk in einem der nicht gerade privilegierten Wohnviertel zu übernehmen... diese schon fast märchenhaft anmutende Geschichte war von den Journalisten durchaus mit Feingefühl und Respekt erzählt und beleuchtet worden. Und weiter hieß es: ‚Die Eröffnung des Kiosks war dem Oberbürgermeister wichtig genug, um selbst vorbeizukommen und zu gratulieren. Eine kluge Entscheidung. Dass er statt seines Dienstwagens die Straßenbahn genommen hatte, kam in Neurath besonders gut an. Selbst bei Leuten, die sonst nicht unbedingt seine Wähler sind. Auch mit seiner schlitzohrigen Bemerkung „im Rathaus bin ich noch nie mit Walzerklängen begrüßt worden, hier aber wohl", hatte er die Lacher auf seiner Seite. Unser OB dürfte gestern einige Sympathiepunkte mehr angehäuft haben.'

Udo Spranger schlüpfte mit unglaublichem Elan in seine neue Rolle. Der neue Kiosk sollte zwölf Stunden am Tag geöffnet sein... von morgens sechs bis abends achtzehn Uhr. Schon allein das ein Kraftakt.

Welche Zeitungen, welche Zeitschriften, welche Rätselhefte von den Neurathern gefragt waren, das zeichnete sich schon nach den ersten Tagen ab. Dass bei Zigaretten eine breite Auswahl nötig war... dass Bier, ob in Dosen oder Flaschen, den ganzen Tag über zu den Rennern gehörte. Aber auch Eis, Kaffee oder Snacks jeder Art. Udo hatte sich dazu durchgerungen, keine hochprozentigen Spirituosen zu verkaufen. Dass er damit einige Kunden verärgerte, war ihm egal. Mit Schnapsleichen wollte er sich nicht abgeben müssen.

Alles ging unglaublich schnell. Udos Büdchen wurde im Handumdrehen zum Lieblingsplatz des ganzen Viertels. Rentner, Arbeiter, Schüler... Frauen, Männer... Hier - und nur hier - traf man sich zum Tratschen, zum Lachen, zum zweiten Frühstück, zu einer Bockwurst, einem Kaffee, einem Glas Bier oder zu was auch immer. Wenn es um Fußball ging, und es ging an sich jeden Tag um Fußball, dann redete man sich die Köpfe heiß. Das gehörte einfach dazu. Hier am Kiosk gratulierte man sich zum Geburtstag, freute sich über neue Erdenbürger. Bei Krankheiten oder anderen schlechten Nachrichten versuchte man, sich den Kummer von der Seele zu reden. Man tröstete einander und trauerte, wenn jemand verstorben war.

Udo freute sich, wenn die Jugendlichen ihn Doc Udo nannten und kleine Späßchen machten. Er spürte, genau das gefunden zu haben, wonach er sich gesehnt hatte: Mitten im Leben - mitten im ganz normalen Alltag - zu stehen. Ein wunderbares Gefühl.

Und dann... dann kam der Tag, als Caroline auf der Bildfläche erschien. Die schöne Caroline. An einem stürmischen Herbsttag, nachmittags gegen fünfzehn Uhr, tauchte sie auf. Udo hätte schwören können, sie noch nie hier gesehen zu haben. Plötzlich stand sie da... direkt vor dem Büdchen... mit sympathischem Lächeln, total zerzausten Haaren und war in ihrem Redefluss kaum zu bremsen: „Hallo Udo, ich bin Caro... und im Moment etwas knapp bei Kasse. Hättest du vielleicht einen Job für mich. Ich bin zwar keine Kiosk-Spitzenkraft, dafür verlange ich aber auch kein Spitzengehalt. Ich glaube... ich bin mir sogar sicher... du gehörst zu den Männern, die sich blitzschnell entscheiden können. Also... was ist? Kann ich morgen anfangen?"

Udo war normalerweise nicht auf den Mund gefallen. Aber einen solch forschen Auftritt, solch ein Überrumpelungsmanöver wie dieses hier hatte er noch nie erlebt. „Warte, ich lade dich zu einem Kaffee ein", hörte er sich sagen, auch weil er keinen blassen Schimmer hatte, was er anders hätte sagen sollen.

„Bitte keinen Zucker und nur mit einem Hauch von Milch", als er sich umdrehte nahm er überhaupt erst wahr, wie attraktiv diese eigenwillig selbstbewusste Frau war, wie spöttisch-charmant sie ihm zulächelte. Aber auch... wie genau sie ihn beobachtete.

Das stürmische Herbstwetter war schuld daran, dass sich an diesem Nachmittag nur wenige Kunden am Kiosk sehen ließen. Sogar die Rentnertruppe, die nie genug vom Skatspielen bekommen konnte, hatte gekniffen. Udo war das recht so. Caro... diese Frau, die ihm gerade gegenübersaß, schien ihn irgendwie total durcheinander zu bringen.

„Udo... bitte nicht erschrecken... ich habe mich umgehört... wollte wissen, wer du eigentlich bist? An sich sind ja Steuern dein Metier, oder? Aber... all die Steuervorschriften... jahraus, jahrein Steuererklärungen... ist so etwas nicht stinklangweilig?“

Udo lächelte, Udo nickte. „Ja, könnte man so sehen. Deshalb habe ich ja Reißaus genommen und bin jetzt hier in Neurath.“

„Ist dir sicher nicht leichtgefallen. Kann sich wahrscheinlich auch nicht jeder erlauben. Ich meine... finanziell und so. Ich... ich habe leider nicht immer den richtigen Abzweig im Leben gefunden. Du glaubst mir wahrscheinlich nie, dass ich Philosophie studiert habe... zehn Semester in Bonn mit allem Pipapo... Sinn des Lebens und so weiter... alles sehr leselastig... analytisches Denken liegt mir an sich... aber ich habe es vergeigt... habe die Uni ohne Abschluss verlassen.

Keine Glanztat. Weiß ich. Bin danach in ein tiefes Loch gefallen. Willst du wissen, wie es weiterging? Na gut. Einen wirklichen Job habe ich nie gehabt, aber doch jede Menge Lebenserfahrung gewonnen. Weißt du... und ich erzähl dir hier nur die Kurzform... ich habe mich als Kaufhausdetektivin durchgeschlagen... als Museumsaufsicht... im Call Center... als Paketzustellerin, als Kellnerin beim Italiener... ich habe am Fließband gearbeitet... als Reiseleiterin... ich habe viel gesehen, viel erlebt. Auch total verrückte Dinge. Geld habe ich immer zu wenig verdient. Bin oft genug am Existenzminimum vorbeigeschrappt. Aber irgendwie habe ich das Ganze auch genossen. Frei wie ein Vogel... kennst du ein solches Gefühl?"

An diesem stürmischen Herbsttag erzählten sich Caro und Udo ihr Leben und redeten sich gegenseitig schwindelig. Sie tranken Unmengen von Kaffee, lachten, scherzten, schauten sich tief in die Augen, zeigten sich von ihren besten Seiten.

Sie verliebten sich ineinander, strahlten vor Glück. Die viel beschworene, oft genug verlachte Liebe auf den ersten Blick! Der Zufall und Udos Büdchen an der - nicht besonders romantisch anmutenden - Endstation der Straßenbahnlinie 8 in Neurath hatten sie zusammengebracht.

Von jetzt auf gleich gehörte Caro mit dazu. Udo und sie arbeiteten im Kiosk Hand in Hand. Die Leute im Viertel wussten das zu schätzen, trafen sich noch öfter als früher am Büdchen, wann immer sie Zeit hatten. Aber es ging nicht mehr allein um Bier, um Kaffee, um Zigaretten oder Süßigkeiten. Die Leute wollten mehr.

Es begann damit, dass Caro und Udo gefragt wurden, ob sie beim Ausfüllen von Wohngeldanträgen helfen könnten? Ob Udo freundlicherweise diesen oder jenen Antrag auf Lohnsteuerermäßigung ausfüllen könne. Ob sie den Wust von Rentenunterlagen nicht auf Vollständigkeit prüfen könnten. Ob sie nicht vielleicht mit Rat und Tat bei Einschulungen, bei Problemen im Kindergartens, bei angedrohten Mieterhöhungen helfen könnten.

Udo und Caro sagten nie nein, taten, was sie konnten, freuten sich, dass die Menschen so viel Vertrauen zu ihnen hatten, dass sie gebraucht wurden. Das tat richtig gut.

Aber dann... schon wenige Wochen später war es aus und vorbei mit der scheinbar heilen Welt. Rund um den Kiosk änderte sich alles. Udo und Caro fühlten sich mit all den Problemen überfordert, allein gelassen. Zuerst waren es Ärger und Wut... dann, als sie nicht mehr weiterwussten, Resignation... schließlich kam die Angst und die Panik. Nichts blieb mehr, wie es gewesen war.

Anfänglich hatte Udo die Graffitis vorne am Kiosk und sogar oben auf dem Dach gar nicht so ernst genommen. Aber kaum waren die Schmierereien von einer Spezialfirma beseitigt worden, wurden über Nacht neue, noch großflächigere Graffitis, mit noch mehr Farbe aufgesprüht. Und so ging es weiter... von Mal zu Mal wurde alles nur noch schlimmer. Natürlich setzte sich Udo mit der Polizei in Verbindung... man versprach zusätzliche Streifenfahrten. Aber Udo wusste längst, dass er diesen Machtkampf nicht würde gewinnen können. Mit jeder neuen Schmiererei würde sich der mit viel Herzblut restaurierte Kiosk wieder mehr und mehr in die alte Bretterbude zurückverwandeln, die er einmal war.

Aber die Graffitis waren nur der Aufgalopp. Dann kam ein nächtlicher Einbruchversuch - mit brachialer Gewalt - durch den die Fenster und Türen des Kiosks schwer beschädigt wurden. Überall, wohin man schaute, mutwillige Zerstörungen, von der Reklamebeleuchtung am Vordach bis zu den bunten Stehtischen eine Schneise der Verwüstung. Selbst Terrassenplatten waren herausgerissen worden.

Die Bewohner von Neurath waren entsetzt. „Udo und Caro... die machen das bald nicht mehr mit. Über kurz oder lang sind die weg von hier. Und dann? Ihr werdet sehen... der Kiosk wird verbrettert, die Ödnis kommt zurück. Den Neurathern wird wieder einmal der Boden unter den Füßen weggezogen. Gemeinsame Treffen ... zusammen lachen... zusammen feiern... das können wir alles wieder vergessen. Ach, war das schön hier am Kiosk, werden wir sagen... Udo und Caro, die haben das hier alles zusammengehalten. Wenn das Büdchen geschlossen wird, geht bei uns alles wieder den Bach runter."

Udo hatte lange nachgedacht, und Caro hatte ihn... trotz alledem... darin bestärkt, sich nicht ins Bockshorn jagen zu lassen. Noch einmal einen Kraftakt wagen... den Kiosk noch einmal neu eröffnen... alles richtig zu machen und eine wirklich professionelle Alarmanlage einzubauen. Aufwändige Reparaturarbeiten wurden in Auftrag gegeben, die einige Wochen dauern sollten. Am Ende strahlte Udos Büdchen bis auf einige tiefe Kerben und Schrammen wieder wie in alten Tagen.

Zur Neueröffnung drängte sich ganz Neurath und feierte ausgelassen ein ganzes Wochenende lang. Udo und Caro badeten in Lob und Anerkennung. Es war manchmal schon zu viel des Guten ‚So ein Tag... so wunderschön wie heute", sangen einige Männer und prosteten sich zu. Einige der Fußballer hatten sogar ihre rot-grünen Trikots angelassen. Der glanzvolle Vier-zu-eins-Sieg vom heutigen Nachmittag über den Tabellenersten würde in die Vereinsgeschichte eingehen. Ja, Neurath brauchte sich wirklich nicht zu verstecken.

Spät am Sonntagabend, als sich der Platz vor dem Kiosk geleert hatte und an der Endhaltestelle der Straßenbahn die letzten Fahrgäste schon längst ausgestiegen waren, war Udo gerade dabei, die Türen und Fenster des Kiosks abzuschließen.

Als er zur Sicherheit noch einmal sorgfältig an allen Fensterläden rüttelte, wurde er plötzlich von einem brutalen Schlag auf den Hinterkopf getroffen. Udo sackte in sich zusammen, wurde sofort bewusstlos. Als Caro ihn - wie verabredet - zehn Minuten später mit dem Auto abholen wollte, sah sie ihn völlig hilflos in einer Blutlache vor dem Eingang zum Kiosk liegen. 1-1-2... das Eintippen der Notrufnummer... der Notarzt... der Krankenwagen... die Fahrt zur Klinik... Caro erlebte alles wie in Trance. Später konnte sie sich kaum noch an irgendwelche Einzelheiten erinnern.

Erst als nach gut drei Stunden einer der Krankenhausärzte auf sie zukam und ihr versicherte, dass Udos Verletzungen nicht lebensbedrohlich seien, war sie plötzlich hellwach.

Die Ereignisse um Udo, Caro und den Kiosk hatten die Bewohner von Neurath in größte Aufregung versetzt. Was passiert war, verstand niemand. Warum diese Brutalität? Warum diese unglaubliche Zerstörungswut? Warum gerade Udo? Warum gerade jemand, der immer hilfsbereit gewesen war, der nie lockergelassen hatte, Dinge zum Positiven zu verändern?

Auch die Polizei konnte keine dieser Fragen beantworten. Sie tappte nach wie vor im Dunkeln. Der einzige Hinweis zum Überfall war von einem älteren Mann gekommen, der zur Tatzeit seinen Hund ausgeführt hatte. Er hatte beobachtet, wie ein Motorrad mit hoher Geschwindigkeit an ihm vorbeigerauscht sei... war sich ziemlich sicher, zwei schwarz gekleidete Personen mit Motorradhelmen gesehen zu haben. Aber alles wäre natürlich viel zu schnell gegangen... der Hund hätte gebellt... und im Dunkeln würde er auch nicht mehr so gut sehen können wie früher. Dass die Täter die gesamten Zigarettenvorräte des Kiosks hatten mitgehen lassen, war auch eine Spur... sicher... aber auch diese Spur hatte bislang zu nichts geführt.

Es dauerte eine Weile, aber nach einigen Monaten hatte sich Udo von den Folgen des brutalen Überfalls wieder erstaunlich gut erholt. Und in dieser Zeit sein Leben komplett verändert. Zum zweiten Mal. Er war mit Caro nach Süddeutschland umgezogen, in ein kleines, malerisch gelegenes Dorf im Allgäu. Alpenblick inklusiv. Ein restaurierter Restbauernhof mit Streuobstwiese, Gemüsegarten und allerlei Federvieh war zu ihrem neuen Zuhause geworden.

Zu Uwes Büdchen an der Endstation der Straßenbahnlinie 8 in Neurath kehrten beide nie mehr zurück.

Auf Seide gebettet

Im Juni des Jahres 1902 überschlugen sich die Ereignisse.

Aber Krefeld wollte glänzen. Alles musste reibungslos ablaufen, nichts durfte dem Zufall überlassen werden. Ein veritabler Kraftakt war nötig, anders würde man es nicht schaffen können. Als sich dann abzeichnete, wie gut alles verlief, schwappte eine Welle von Stolz und Begeisterung durch die Stadt, erfasste Bürgerinnen und Bürger. Eine kaum zu bremsende Hochstimmung machte sich breit, sonst ganz und gar unüblich am linken Niederrhein.

Krefelds Oberbürgermeister Küper hatte alles clever eingefädelt.

Schon einige Jahre zuvor hatte er den Allgemeinen Deutschen Musikverein davon überzeugen können, seine für das Jahr 1902 vorgesehene Tonkünstler-Versammlung in Krefeld abzuhalten. Freudig und mit unverhohlenem Stolz in der Stimme hatten er im Rat der Stadt verkündet: „Für fast eine Woche wird Krefeld der Mittelpunkt des künstlerischen und gesellschaftlichen Lebens des Kaiserreichs werden. Also: Packen wir es an. Zeigen wir allen, was in uns steckt. Zeigen wir, dass unsere Stadt nicht nur ein guter Gastgeber ist, sondern auch, dass hier ausgesprochen musikinteressierte Menschen zuhause sind."

Wie von Küper erwartet, applaudierten alle Ratsherren begeistert und langanhaltend, erhoben sich dabei sogar von ihren Stühlen und vergaßen für einen Moment alle politischen Streitereien. Später bei dem traditionellen Umtrunk in der alteingesessenen Brauerei Gleumes, waren fast alle davon überzeugt: „Die Versammlung der Tonkünstler wird in die Stadtgeschichte eingehen."

Es gab unendlich viel zu tun.

Zunächst galt es, die Finanzierung des Großereignisses auf solide Beine zu stellen. Im Stadtrat einigte man sich überraschend schnell, viel Vorarbeit war schon geleistet worden, alle zogen an einem Strang. Ein brennendes Problem waren die fehlenden Übernachtungsmöglichkeiten für die Künstler und die zahlreich zu erwartenden Gäste. Die Hotels und Pensionen der Stadt waren einfach zu klein, meist auch zu schlecht ausgestattet. Es musste nach Privatunterkünften gesucht werden... aber eben nur nach wirklich vorzeigbaren Zimmern und Wohnungen. Bitte: Nur keine Blamage.

Es würde zahlreiche Programmpunkte geben: Die festliche Eröffnungsfeier, die vielen Proben und Generalproben, die Konzerte selbst, Musiker-Stammtische, Treffen mit den Gästen, Frühschoppen, gemeinsame Mittag- und Abendessen, schließlich das große Bankett am Schluss der Veranstaltung. Wo sollte was stattfinden? Neben der prächtigen Stadthalle an der Sankt-Anton-Straße boten sich Königsburg und Handelskammer besonders an, aber auch die repräsentativen

Säle der Bürgergesellschaften ‚Verein' und ‚Erholung' würden Künstlern und Gästen gefallen. Da war man sich in Krefeld sicher.

In den Frühjahrsmonaten des Jahres 1902 stieg die Spannung, aber auch die Vorfreude: Jeder wusste: Es ging ja nicht nur um die prestigeträchtige Versammlung der Tonkünstler Anfang Juni. Nur ganze elf Tage später würde Kaiser Wilhelm II. - zusammen mit seiner Gemahlin Auguste Viktoria - die Seidenstadt besuchen. Zugegeben... nur für wenige Stunden, aber dennoch... was für eine große Ehre. Ja, das Kaiserpaar sollte gebührend empfangen werden. Das stand außer Frage. Die Stadt hatte also keine Wahl: Sie musste sich erneut von ihrer allerbesten Seite zeigen. Und dies bedeutete weit mehr als Hurra-Rufe, eindrucksvoll geschmückte Triumphbögen, prächtiger Fahnenschmuck, Girlanden und ganz in weiß gekleidete, anmutig aussehende Ehrenjungfern.

Doch zunächst stand die Versammlung der Tonkünstler im Vordergrund.

Dass die Musikliebhaber voll auf ihre Kosten kommen würden, konnte man schon bei einem flüchtigen Blick auf die Teilnehmerliste erahnen. Die Crème de la Crème der Musikschaffenden hatte tatsächlich den Weg nach Krefeld gefunden. Engelbert Humperdinck war gekommen, Richard Strauss, Hans Pfitzner, Gustav Mahler - der charismatische Dirigent der Wiener Hofoper - und viele andere

Musikschaffende und Komponisten zeitgenössischer Orchesterwerke, von Klavier- und Kammermusik, von Opern und Liedgut.

Das klug ausgewählte Veranstaltungsprogramm kam hervorragend an... bei den Tonkünstlern selbst wie beim Publikum. Schon nach den ersten beiden Tagen berichteten die Zeitungen von grandioser Musik, von Spitzenleistungen, von restlos ausverkauften Konzerten, von einem unerwartet starken Interesse aus dem Ausland, vor allem aus dem benachbarten Holland. Wie auch immer: Die Stadt Krefeld wurde von Anfang an mit Lob überschüttet.

In der Innenstadt fiel natürlich auf, dass einige der Kongressteilnehmer ihre Ehefrauen mit nach Krefeld genommen hatten. Man konnte sie, chic gekleidet und gutgelaunt, zu zweit oder dritt beim Schaufensterbummel auf der Rhein- und Hochstraße, beim Besuch des neuen Kunstmuseums am Karlsplatz oder bei einem Spaziergang in den Parkanlagen beobachten. Einige schauten sich die noblen Stadtpalais auf der Friedrichstraße an, warfen einen Blick in den großen Lesesaal der Stadtbibliothek oder in die erst vor kurzem eröffnete Markthalle mit ihrer ungewöhnlich modernen Architektur aus Eisen und Glas.

Wen die Krefelder und Krefelderinnen nicht zu Gesicht bekamen war die Frau, von der sie schon so viel gehört, so viel gelesen hatten: Alma, die frischangetraute, blutjunge Ehefrau von Gustav Mahler, schien sich in Luft aufgelöst zu haben. Wo versteckte sie sich, warum macht sie sich unsichtbar? Geht es ihr vielleicht gesundheitlich nicht gut? Nur ein einziges Mal, früh am Morgen, war sie angeblich in einer Droschke auf dem Ostwall gesehen worden.

Klatsch und Tratsch schossen ins Kraut.

„Ist es wirklich so“, fragten sich die Leute und steckten aufgeregt die Köpfe zusammen, „dass Alma neunzehn Jahre jünger ist als ihr berühmter Ehemann? Kann denn so etwas überhaupt gutgehen?“ „Oder“, meinten die Neunmalklugen und machten dabei ein wichtiges Gesicht, „könnte es sein, dass Alma auf der Suche nach einer Vaterfigur jetzt endlich fündig geworden ist? Und überhaupt: Ist es wirklich so, dass Gustav Mahler seiner begabten jungen Ehefrau strikt verboten hat, zu komponieren, ja ihre gesamte, ach so geliebte Musikausbildung fortzusetzen. Warum macht er das nur? Hört sich alles andere als liebevoll an. Stimmt es vielleicht doch, dass die bildschöne Alma - angeblich die schönste Frau von Wien - eine unglaublich verwöhnte Person sein soll, berechnend und schrecklich launenhaft? Eine Frau, die vor allem sich selbst in den Mittelpunkt stellen möchte und nach gesellschaftlichem Glanz giert?“

Wenn es um Alma Mahler ging, schien auch in der Seidenstadt jeder mitreden zu können und mitreden zu wollen. Und jeden Tag gab es vermeintliche Neuigkeiten, Gerüchte und wildeste Spekulationen.

Was alle Außenstehenden nicht wissen konnten: Die junge Alma fühlte sich in Krefeld alles andere als wohl. Zunächst hatte sie geschwiegen, aber dann platze es aus ihr heraus: „Ach Gustav, wir sind seit zwei Tagen hier am Niederrhein, hier in dieser Stadt. Ich sehe dich fast nie. Du bist ständig bei Orchesterproben, dein übliches, straffes Arbeitsprogramm. Das ist eben deine Welt. Aber ich, ich fühle mich schrecklich elend hier."

„Alma, das wird die Schwangerschaft sein, der vierte Monat hat begonnen. Das macht dir halt zu schaffen."

„Ja, vielleicht auch das. Aber, was ich meine, ist etwas ganz anderes. Dieses Krefeld ist ein Nest. Ein richtiges Nest. Stell dir vor: In dieser Stadt, die ja mit zu den reichsten im Kaiserreich zählen soll, gibt es nicht ein einziges vernünftiges Hotel, kein Hotel, das auch nur annähernd unseren Ansprüchen entsprechen könnte. Ist das nicht völlig aberwitzig? Für die Dauer des Kongresses haben sie uns jetzt bei einem der reichsten Seidenfabrikanten untergebracht. Geldadel nennt man das hier. Diese Leute werden sich später sicher damit schmücken, dass der berühmte Gustav Mahler - zusammen mit seiner Ehefrau - bei ihnen zu Gast war. Für fast eine ganze Woche."

„Aber Alma, ich verstehe nicht ganz..."

„Gustav, es geht darum, dass ich in deren Haus, pardon... in deren Stadtpalais keinen persönlichen Freiraum habe. Man bedrängt mich, will mir dieses und jenes zeigen. Will mich mit diesem und jenem bekanntmachen. Aber... so eine Art Familienanschluss, das kann ich einfach nicht ausstehen. Und Damenkränzchen... die sind für mich ein Gräuel. Das wirst du sicher verstehen. Unser Gastgeber mag ja ein immens reicher Fabrikbesitzer sein, aber seine opulente Villa, in der an allen Ecken und Enden Nippes... viel zu viel Nippes... herumsteht und jeden Tag abgestaubt werden muss, ist ganz und gar nicht mein Geschmack. Das macht mich einfach nervös. Vielleicht hält man mich deshalb für unhöflich."

„Aber Alma, Liebste, übertreibst du nicht ein wenig? Ich habe vor und nach den Proben ganz andere Stimmen gehört, auch von Leuten, auf deren Urteil man sich verlassen kann. Sie halten Krefeld für eine angenehme, ja liebenswerte Provinzstadt. Die Menschen, die hier wohnen, sind gastfreundlich, sind an Musik und Kunst interessiert. So habe ich das in den letzten Tagen auch selbst erlebt. Und sie sind stolz, dass Krefeld so ist, wie es ist. Bist du schon einmal über den Ostwall promeniert, den überaus gepflegten, baumbestandenen Prachtboulevard der Stadt... breite Grünanlagen, Blumenrabatte, Parkbänke. Alles sehr einladend."

„Gustav, wenn du mich fragst: Ja, es gibt schöne Ecken hier. Die gibt es halt überall. Aber sonst ist doch alles bieder, viel zu bieder. Und das gilt nicht nur für die Modegeschäfte. Die zeigen in ihren Auslagen Kleider, die in Wien vor drei oder mehr Jahren modern waren. Oder die Restaurants... deren

Speisekarten sich lesen wie eine ideenlose Aufzählung fader Gerichte. Und einen vernünftigen Kaffee zubereiten, das können sie hier eh nicht. Ich bin gestern - ohne viel Aufsehen zu erregen - mit einer Droschke durch die Stadt gefahren, bin hier und da ausgestiegen, habe mir vieles angesehen und die eine oder andere überraschende Neuigkeit aufgeschnappt. Früher gab es auf dem Ostwall - dem von dir erwähnten Prachtboulevard - sogar einmal ein amerikanisches Konsulat. Stell dir vor: Der damals amtierende Konsul soll Krefeld als die uninteressanteste Stadt bezeichnet haben, die er je gesehen habe. So ganz allein scheine ich mit meiner Meinung wohl nicht zu stehen."

„Ach Alma, wir wollen uns doch nicht streiten. Ja natürlich... Krefeld ist niemals eine Residenzstadt gewesen. Alteingesessene Adelsfamilien, ein repräsentatives Stadtschloss, höfisches Leben... so etwas gibt es hier einfach nicht, hat es nie gegeben. Stattdessen hat ein überaus selbstbewusstes Großbürgertum die Fäden in der Hand. Manches ist deshalb vielleicht anders verlaufen. Aber das muss doch nicht unbedingt schlecht sein, oder?"

Gustav stand auf, lächelte etwas gequält und hauchte seiner jungen Frau einen zarten Kuss auf die Stirn.

„Alma, ich bitte dich eindringlich, mich im Moment mit derartigen Petitessen nicht zu belästigen. Du weißt genau, was auf dem Spiel steht. Morgen Abend ist es soweit. Morgen Abend um acht Uhr wird meine dritte Sinfonie uraufgeführt... hier in Krefeld, hier in der mir fast schon lieb gewordenen Stadthalle, vor den wichtigsten Tonkünstlern des Kaiserreichs. Auf diesen Moment habe ich lange warten müssen. Morgen Abend werden wir sehen, ob sich all die schöpferische Arbeit gelohnt hat, eine Arbeit, die sich über so viele Jahre hingezogen hat. Morgen Abend entscheidet sich unendlich viel... für mich, aber auch für dich... für unsere kleine Familie.

Ich will nicht voreilig sein, und zu viel Optimismus liegt mir eigentlich nicht: Aber ich habe ein wirklich gutes Gefühl. Und es wird eine überwältigende Erfahrung für mich: Als Dirigent vor einem derartig riesigen Orchester zu stehen: Das Krefelder Orchester verstärkt durch das Kölner Gürzenich-Orchester... insgesamt nicht weniger als einhundertvierzehn Personen. Stell dir das vor! Dazu der Chor, von der Personenzahl noch größer als das Orchester, dazu der überaus wichtige Part der Altistin. Eine unglaubliche Herausforderung. Du bemerkst, wie mich das alles bewegt."

Als Alma lächelte... zum ersten Mal an diesem Tag, sagte Gustav mit sanfter Stimme: „Bevor ich es vergesse... für dich, meine Liebe, ist morgen Abend der beste Platz in der Stadthalle reserviert. Ich bin sicher, du wirst dich wohlfühlen."

Die Uraufführung seiner dritten Sinfonie sollte für Gustav Mahler zu einem großen Triumph werden. Ganze zwölf Mal musste er sich verbeugen. So etwas hatte Krefeld, hatte der linke Niederrhein noch nie erlebt.

Alma Mahler hörte den Jubel, sah, wie nach dem letzten Satz ein wahrer Taumel das Publikum packte. Und sie mittendrin. Ihr Herz pochte wie wild, Wellen unbändiger, dankbarer Freude durchströmten sie. Sie war von ihrem Sitz aufgestanden, schaute mit leichter Verbeugung ins Publikum und genoss die bewundernden Blicke, die nur ihr zu gelten schienen. Alma, die bildschöne, junge Wienerin, strahlte.

Der letzte Satz war noch nicht verklungen, Gustav Mahler hatte den Taktstock noch nicht gesenkt, schon in diesem Moment gab es für sie keine Zweifel mehr: Mit der Uraufführung der dritten Sinfonie hatte ihr Ehemann den entscheidenden künstlerischer Durchbruch geschafft. In Deutschland, in Österreich und weit, weit darüber hinaus. Alma spürte unendlichen Stolz, unbeschreibliche Erleichterung. Und sah sie schon vor sich... all die kunstvoll formulierten, sich gegenseitig übertreffenden Lobeshymnen der nächsten Tage... in den regionalen und überregionalen Zeitungen. Und sie sollte recht behalten. ‚Ein Werk, das alle Grenzen sprengt', urteilte die Presse. ‚Gustav Mahler ist wahrlich ein gottbegnadeter Künstler.' Auch die kritischsten Musikkritiker überschlugen sich vor Begeisterung.

Und Krefeld? Die Stadt war stolz. Einfach stolz darauf, dass alles so gut und so glatt abgelaufen war: Die fünftägige Tonkünstler-Versammlung und deren Höhepunkt: Die so begeistert aufgenommene und mit gigantischen Vorbereitungen verbundene Uraufführung von Gustav Mahlers dritter Sinfonie. All das würde sicher positiv auf die Seidenstadt und die ganze Region ausstrahlen. So die große, durchaus berechtigte Hoffnung.

Zeit, sich ein wenig im neuen Glanz zu spiegeln, blieb nicht. Man musste sich für den in wenigen Tagen stattfindenden Besuch des Kaiserpaares rüsten. Der zweihundertste Jubiläumstag der Zugehörigkeit der Stadt Krefeld zu Preußen sollte in überaus festlichem Rahmen gefeiert werden. Dem hohen Besuch sollte es an nichts fehlen.

Oberbürgermeister Küper hatte getan, was getan werden konnte. Selbst der Text seiner Begrüßungsansprache - Wort für Wort wohlüberlegt - lag fix und fertig in seiner Schreibtischschublade. Vor dem Rathaus flatterten die Fahnen stolz im Wind.

Kaiserwetter war angesagt.

Schöner Sonntag

Das Undenkbare war nicht nur denkbar, sondern Wirklichkeit geworden.

Stockende Öllieferungen, explodierende Ölpreise... und dies unmittelbar vor Beginn der kalten Jahreszeit. Der November 1973 sah die Republik im Krisenmodus. Bundeskanzler Willy Brandt verkündete – zur besten Fernsehzeit und mit extra viel Schmelz in der Stimme - ein Autofahrverbot. Und zwar für vier Sonntage... erst kurz vor Weihnachten sollte der Spuk vorbei sein. Was für eine Entscheidung!

Obwohl der Wetterbericht nichts als einen grauen, nasskalten Tag versprach, machte sich Johann noch vor Sonnenaufgang auf den Weg. Der erste autofreie Sonntag... er wollte von Anfang an mit dabei sein. Und es war mehr als pure Neugierde. Ohne Autos auf den Straßen steht Deutschland doch völlig Kopf, dachte er. Keine Spritztour, kein Sonntagsausflug, kein Verwandtenbesuch. Würden die Leute aufmüpfig werden? Oder gar wütend? Oder würden sie alles so hinnehmen, wie es war? Einfach nur mit den Schultern zucken? Oder... würden sie sich vielleicht sogar freuen? Auf einen Sonntag, der anders und spannend war, voller neuer Erlebnisse, an die man sich später gern erinnern würde?

Keiner wusste genau, was heute passieren würde.

Johann war zu Fuß unterwegs. Auf den Straßen war es gespenstig still... kein Bus, kein Taxi. Die an den Straßenrändern geparkten Pkws schienen sich noch dichter als sonst aneinander zu drängen, aufgereiht wie an einer riesigen, ziemlich bunten Perlenkette. Johann spürte den Wind im Gesicht, die letzten Blätter fielen von den Bäumen, wurden in alle Richtungen geweht. Bis auf einen älteren Mann, der seinen Hund ausführte, war keine Menschenseele zu sehen. Dann... irgendwo... das Geräusch einer zufallenden Tür, irgendwo entferntes Hundegebell. Sonst hörte man nichts.

Als Johann die Autobahnauffahrt erreichte, dämmerte es schon. Mit überraschend schnellen Schritten bog er auf die Einfädelspur und dann auf die A 57 Richtung Moers ein. Ein Fußgänger, der beim Betreten der Schnellstraße unwillkürlich Tempo aufnimmt... verrückt war das oder? Johann wunderte sich über sich selbst.

Das schnurgerade, dunkelgraue Band der Autobahn lag völlig verwaist vor ihm. Vierspurig und kilometerlang. Kein einziges Fahrzeug, kein störender Lärm. Fast schon unheimlich. Johann marschierte mitten auf der Bahn den weißen Markierungsstreifen entlang, freute sich über die frische Morgenluft und gewöhnte sich erst nach und nach an die öde, gähnende Leere, die vor ihm lag.

Als er nach rechts schaute, sah er - keine einhundert Meter von der Autobahn entfernt - das Gebäude eines gepflegten, weiß getünchten Vierkant-Bauernhofs. Ein Reiterhof, der

Schriftzug über dem Eingangstor war deutlich zu lesen. Könnte es sein, dachte Johann, dass die Leute, die dort lebten, arbeiteten, trainierten, den täglichen Verkehrslärm überhaupt nicht mehr wahrnehmen? Und was war mit den Pferden? Er musste unbedingt seine Schwester fragen. Eine größere Pferdeliebhaberin als sie konnte er sich kaum vorstellen. Sie würde sich auskennen.

Die ersten Radfahrer - eine Männergruppe, die ihn wild klingelnd und übermütig lachend überholte - hatten ihn abgelenkt, aber er hatte die junge Frau doch wahrgenommen. Mit ihrer knallroten Pudelmütze war sie einfach nicht zu übersehen. Johann hatte nicht verstanden, was sie ihm zugerufen hatte, aber dann stand sie plötzlich direkt vor ihm.

„Hallo, ich bin Katrin. Ich warte schon eine Viertelstunde, aber bisher ist hier noch niemand entlangspaziert. Du bist der erste. Hast du etwas dagegen, wenn ich dich ein Stück begleite. Die schnurgerade Straße, diese absurde, fast schon bleierne Stille... auf die Dauer ist dies in Gesellschaft doch besser zu ertragen. Findest du nicht auch?“

Johann schien unbewusst genickt zu haben, denn Katrin sah ihn mit strahlendem Lächeln an:

„Prima, gehen wir also gemeinsam auf Wanderschaft... zu zweit auf einer leergefegten Autobahn. Vielleicht sagen die Geschichtsschreiber später einmal, dass dies heute ein historischer Tag war. Ich bin nur übers Wochenende hier in

Krefeld. Kurzbesuch bei meinen Eltern. Im normalen Leben studiere ich Politik... in Köln."

„Hm, Politik... hätte ich nicht gedacht. Also ich... ich bin Johann. Wenn ich nicht gerade auf Autobahnen hin und her spaziere, studiere ich Wirtschaft. Banken, internationale Finanzierungen. Ob du es glaubst oder nicht... auch in Köln. Vielleicht sind wir uns an der Uni schon einmal über den Weg gelaufen, vielleicht ja auch am Aachener Weiher, toller Biergarten dort, kennst du vielleicht. Oder in der Südstadt. Auch nicht schlecht."

Katrin schaute amüsiert zu Johann herüber, der es tatsächlich fertigbrachte, sie anzulächeln.

„Dass du Politik studierst, finde ich - ehrlich gesagt - ganz schön mutig. Politiker und Politikerinnen stehen auf der Beliebtheitsskala ja nicht gerade oben. Was reizt dich denn so an Politikwissenschaften?"

„Ach Johann, über mein Studium wollte ich heute an sich nicht reden. Aber Politik... das ist einfach ein erstaunlich weites Feld. Deshalb ist das Ganze ja so interessant und auch so herausfordernd. Mein besonderes Interessen gilt übrigens Europa. Hier beginnt gerade eine völlig neue Zeit. Wie du weißt, sind Großbritannien, Irland und Dänemark Anfang des Jahres der Europäischen Gemeinschaft beigetreten. Statt sechs, also jetzt neun Staaten. Das wird spannend, richtig spannend. In den Semesterferien bin ich übrigens in Brüssel. Mal sehen, was das Praktikum bringen wird."

„Nach Brüssel möchte ich auch mal gerne. Gratulation. Aber, Katrin, als jemand, der so nah an der Politik dran ist... glaubst du wirklich, dass ein autofreier Sonntag wie heute - zusammen mit den noch folgenden Sonntagen - überhaupt etwas bringen wird? Ich denke dabei nicht nur an Benzinsparen, ich denke auch an weniger Abgase, saubere Luft und so weiter."

„Ich bin da eher skeptisch, Johann. Die Regierung trickst, will den Wählern vor allem zeigen, dass sie etwas tut. Für mich bloßer Aktionismus. Die Spareffekte dürften gering sein. Wer am Sonntag nicht fahren darf, wird den Besuch bei Oma und Opa oder die geplante Reise eben auf Samstag vorverlegen. So und nicht anders wird`s kommen."

Inzwischen war die Autobahn nicht mehr ganz so leergefegt. Hier und da wurde es sogar erstaunlich lebendig. Und amüsant. So waren auf der Gegenspur drei festlich geschmückte Kutschen Richtung Krefeld unterwegs.

„Eine echte Autobahnidylle", meinte Katrin und klatschte Beifall, als einer der Kutscher das Volkslied ‚Hoch auf dem gelben Wagen' anstimmte. Vielleicht ja das Lied des Jahres. Wieder populär gemacht durch Bundesaußenminister Walter Scheel, der kurz davorstand, das höchste Staatsamt zu übernehmen. Ein zukünftiger Bundespräsident, der die

Hitparaden stürmte. Mein Gott, wer hätte so etwas den Deutschen jemals zugetraut? Auch das Ausland wunderte sich.

Besonders gefeiert und beklatscht wurde ein wunderschön blau und weiß lackierter VW-Bus, der von zwei kräftigen Pferden gezogen wurde: Ganz gemächlich und umweltschonend auf der Überholspur der A 57 Richtung Moers. Mit zwei statt mit fünfundzwanzig PS.

Familien spazierten gut gelaunt über die Autobahn, Kinder spielten Fußball oder Nachlaufen, waren mit Tretrollern unterwegs. Hunde wurden ausgeführt. Man sah mit Rucksäcken und Stöcken bestens ausgerüstete Männer mittleren Alters, die ‚Autobahnwandern' als neue Disziplin für sich zu entdecken schienen. Und man sah Radfahrer. Immer wieder Radfahrer. Einzelne, in kleineren und in größeren Gruppen. Mit Tourenrädern, mit Hollandrädern, mit Rennrädern. Jeder schien jeden freundlich zu grüßen. So als ob man unter sich wäre.

Eine ungezwungene, heitere Stimmung schien sich auszubreiten. Selbst an einem solch wenig einladenden, diesigen Novembertag. Niemand nörgelte, niemand protestierte, selbst die Autoverrücktesten schienen es zu genießen, sich einmal anders als mit einhundert Stundenkilometern oder mehr auf der Autobahn zu bewegen. Der besondere Charme der Langsamkeit. Was für ein Spektakel!

„Ist ja richtig was los hier. Zu Fuß über die Autobahn... an solch einem Tag... das war doch genau die richtige Entscheidung, oder?“ Johann sah Katrin erwartungsvoll an. Aber da lag noch viel mehr in seinem Blick. Und Katrin verstand die Signale. Je länger die beiden unterwegs waren, je mehr sie miteinander redeten, scherzten, lachten - und sie lachten viel an diesem Novembersonntagmorgen - desto mehr Sympathien begannen sie für einander zu empfinden. Als ob sie sich schon viel länger kennen würden.

„Jetzt habe ich genug von der Autobahn“, sagte Katrin dann aber doch, und Johann nickte zustimmend. Die Anschlussstelle Moers lag direkt vor ihnen. Als die beiden die Landstraße Richtung Moerser Innenstadt erreicht hatten - auch hier waren erstaunlich viele Leute unterwegs - hielt plötzlich eine von zwei Schimmeln gezogene, prächtig herausgeputzte Kutsche neben ihnen. Eine Kutsche gelenkt von zwei überaus freundlich aussehenden Engeln. Weiße Gewänder, riesige, federnartige Flügel... aus der Nähe wirkte alles besonders eindrucksvoll. Katrin und Johann waren begeistert.

„Wenn ihr wollt, können wir euch mitnehmen. Wir haben euch schon auf der Autobahn gesehen. Solch eine knallige, rote Bommelmütze“, der etwas älter aussehende Engel lächelte, „also so etwas kann man ja überhaupt nicht übersehen. Also, wenn ihr wollt, nehmen wir euch bis in die Innenstadt mit.“

„Das ist furchtbar nett von euch", Katrin schüttelte verneinend den Kopf, „aber wir wollen dieses letzte Stück auch noch zu Fuß gehen. Bestimmt sehen wir uns ja in der Stadt. Mit zwei veritablen Engeln einen Glühwein zu trinken, ja, das wäre genau das, was mir noch fehlt."

Johann und Katrin gingen die schnurgerade verlaufende Landstraße entlang und bogen nach einer Weile in den direkt vor der Altstadt liegenden Schlosspark ein. Katrin war noch nie hier gewesen. Sie freute sich, dass Johann sie an die Hand nahm und den Parkführer spielte.

„Der Schlosspark in Moers ist wirklich ein Kleinod, auf das der ganze Niederrhein stolz sein sollte. So schöne, mit Alleebäumen bestandene Wallanlagen findet man nicht allzu oft. Man kann seltene, uralte Bäume und Baumgruppen entdecken, Teiche und Wasserläufe, die früher einmal Festungsgräben waren und - für einen derart stadtnahen Park ungewöhnlich - weite Wiesenflächen. Dann natürlich all die sorgfältig angelegten Beete und Rabatte... eine Gartenwelt für sich. Mit meinen Eltern bin ich früher regelmäßig hier gewesen. Meist an Sonntagen."

Johann war richtig ins Schwärmen geraten. So etwas hätte Katrin ihm nie zugetraut. Und dann, als sie Hand in Hand über die Rasenfläche gelaufen waren und das Schloss in Sichtweite kam, schauten sie sich tief in die Augen und... küssten sich. Alles ging schwindelerregend schnell.

In Moers herrschte fast schon Volksfeststimmung. Der autofreie Sonntag schien alle nach draußen auf die Straßen und Plätze der Stadt gelockt zu haben. Johann und Katrin flanierten in aller Ruhe durch die romantische Innenstadt. Auf dem historischen Altmarkt machte irgendjemand Folkmusik. Cafés, Kneipen und Restaurants schienen das Geschäft des Jahres zu machen. Wo man auch hinschaute... nicht ein einziger freier Platz. Sogar ein oder zwei Eiscafés schienen geöffnet zu haben. Und das Ende November! Johann und Katrin steuerten einen Imbissstand an, setzten sich - trotz des nasskalten Wetters - auf eine der draußen aufgestellten Biergartenbänke und aßen mit Heißhunger Pizza, tranken Glühwein, vergaßen völlig die Zeit und plauderten über dies und das, über alles, was ihnen gerade in den Sinn kam.

Als Katrin schließlich auf die Uhr schaute, war es nach 14 Uhr. Die Sonne würde in gut zwei Stunden untergehen, wegen des trüben Wetters gefühlt wahrscheinlich noch eher. Zu Fuß nach Krefeld zurück? Im Hellen war das einfach unmöglich. Und im Dunklen... das wäre eine Tortur. Ein Taxi... ja das wäre möglich... Taxis waren vom Fahrverbot ja ausgenommen. Aber das wäre teuer. Sie kramten in ihren Portemonnaies, zusammen kamen sie auf lächerliche fünf DM. Die Sache mit dem Taxi hatte sich von selbst erledigt. „Wir haben Mist gebaut“, sagte Johann. „Einfach Mist.“

Genau in diesem Moment geschah es... das Wunder! Und zwar in Gestalt der beiden mit breiten Flügeln ausgestatteten Engel, die sie schon auf dem Hinweg in ihrer Kutsche hatten mitnehmen wollen.

„Wir haben alles mitgehört“, flüsterte der Jüngere der beiden Himmelsgeister Katrin ins Ohr. Dann räusperte er sich. „Ihr habt ein Problem, und wir... wir haben die Lösung. Also ihr steigt in unsere Kutsche und wir bringen euch wieder sicher zurück nach Krefeld. Genaugenommen nach Verberg, denn da müssen wir hin. Engel haben eben ein Herz für Verliebte. Vor allem in der Zeit vor Weihnachten. Das war schon immer so.“

Johann grinste, konnte und wollte vielleicht auch gar nicht verbergen, wie erleichtert er war. Aber im nächsten Moment flachste er schon wieder: „Also Katrin..., wenn wir die Geschichte von zwei Engeln erzählen, zwei wunderschönen Engeln in einer Kutsche, die uns am ersten autofreien Sonntag geholfen haben, wieder zurück nach Hause zu kommen... diese Geschichte glaubt uns eh niemand.“

„Dann ist das halt unser Weihnachtsmärchen“, meinte Katrin, lachte fröhlich und stieg in die Kutsche.

Meilensteine

Im Frühjahr 1963 war Leo Schüler der Untersekunda, der 10. Klasse des Gymnasiums am Park, der ältesten Lateinschule der Region, der Stolz aller Stadtväter. Eine Schule nur für Jungen.

Wie fast immer in der großen Pause traf sich Leo mit seinen Freunden Ulrich und Peter ganz vorne auf dem Schulhof... im Schatten des Biologiesaals. Die Jungs redeten über Fußball... wie so oft. Vor allem darüber, dass eine ganz neue Liga, eine Fußball-Bundesliga, nach dem Sommer an den Start gehen würde. Der Profifußball würde Einzug halten und mit fetten Gehältern locken. Alles, einfach alles, würde auf den Kopf gestellt werden. Und überhaupt... warum gehörte Borussia Mönchengladbach nicht zu den Vereinen, die von Anfang an mitmachen durften? Warum ausgerechnet Saarbrücken? Warum Münster? Warum Braunschweig statt Mönchengladbach? Dem Fußball am linken Niederrhein würde einfach die kalte Schulter gezeigt. Was für ein Foulspiel! Die drei Jungs schienen sich in Rage reden zu wollen.

Es hatte schon zum Pausenschluss geklingelt, Leo war auf dem Weg zu seinem Klassenraum, als er von Regine Sommer, der Schulsekretärin, die zugleich die beste Freundin seiner Mutter war, abgepasst wurde.

„Hallo Leo, bin ich froh, dass ich dich noch hier erwische. Dr. Vander möchte dich sprechen. Und zwar sofort. Komm bitte mit."
„Zu Vander... zum Direktor? Warum denn das?"
„Keine Ahnung", Frau Sommer zuckte mit den Schultern, „mach bitte nicht so ein griesgrämiges Gesicht."

Leo hatte zunächst artig angeklopft und war dann - ohne zu warten - in das Zimmer des Direktors eingetreten. Aber da war niemand. Dr. Vander war ausgeflogen.

Leo wusste nicht so recht, was er machen sollte, blieb mitten in dem überraschend großen Raum stehen und schaute sich um. Sein erster Blick fiel auf ein Ungetüm von Schreibtisch, das den ganzen Raum zu beherrschen schien. Ein schrecklich schöner Schreibtisch, eingerahmt durch Regalwände, die sich hoch bis zur Decke reckten. Fast alle vollgepackt mit Aktenordnern, deren Rückseiten fein säuberlich beschriftet waren.

Dann - auf der gegenüberliegenden Seite des Raums - eine Sitzecke, wohl für Besucher, mit einem kleinen runden Tisch und vier dazu passenden, einfachen Stühlen. Direkt dahinter ein erstaunlich hochgewachsener Gummibaum, dessen sorgfältig polierte Blätter in der Sonne glänzten. An der gegenüberliegenden Wand - ganz oben - tickte unüberhörbar und nervtötend zugleich eine große Uhr, darunter war ein mit groben Pinselstrichen gemaltes Ölgemälde zu erkennen: Knorrige Kopfweiden, eine mäandernde Flusslandschaft, ein wolkenverhangener Himmel. Typisch Niederrhein, dachte Leo. Als er darüber nachdachte, warum... ja warum nur... das schöne Holzparkett unter einem riesigen Perserteppich versteckt worden war, da... in diesem Moment... kam Dr. Vander durch die Tür... und kam gleich zur Sache.

„Also Leo, ich freue mich für dich, ich freue mich für unsere Schule. Ich habe lauter gute Nachrichten. Du hast doch sicher von dem deutsch-französischen Freundschaftsvertrag gehört?"

„Ja, der ist doch erst gerade - Anfang diesen Jahres - von Bundeskanzler Adenauer und dem französischen Präsidenten de Gaulle unterzeichnet worden. In Paris, ich glaube im Elysée-Palast... ziemlich feierlich, habe ich mir alles im Fernsehen angeschaut."

„Du bist gut informiert, Leo. Aber das hatte ich fast von dir erwartet. Und dieser Vertrag, das kann nicht oft genug betont werden, ist ein Meilenstein. Er ist ein Vertrag, in dem es - nach all dem schrecklichen Blutvergießen - um Versöhnung geht. Um den Abbau von gegenseitigem Misstrauen und von Vorurteilen. Einen Schlussstrich ziehen unter die - wie es leider viel zu oft hieß - jahrhundertealte ‚Erbfeindschaft' zwischen Deutschland und Frankreich.

Friedlich nebeneinander leben, sich näherkommen, eine gute Nachbarschaft pflegen. Das sind die Ziele. Vieles muss jetzt in Gang gesetzt werden, es wird mit Hochdruck gearbeitet. Für die nächsten Jahre sind möglichst viele Städtepartnerschaften geplant. Eine ganz wunderbare Idee. Vor allem aber sollen sich deutsche und französische Jugendliche besser kennenlernen. Und hierbei wird der Schüleraustausch eine große Rolle spielen."

Dr. Vander räusperte sich.

„Unsere Schule gehört zu den ersten in Deutschland, die bei diesem - ich möchte fast sagen - historischen Schüleraustauschprogramm mitmachen wird. Und du, Leo, bist unser erster Schüler, der nach Frankreich fahren wird. Gratulation. Darauf kannst du wirklich stolz sein."

Leo starrte den Schuldirektor ungläubig an, hörte sich dann aber doch „danke... was für eine Überraschung... ich freue mich... riesig" sagen und merkte, wie ihm dabei die Röte ins Gesicht schoss.

„Dass die Wahl auf dich gefallen ist", Dr. Vander brachte sogar ein Lächeln zustande, „kommt natürlich nicht von ungefähr. Das hast du dir selbst verdient. Deine Leistungen im Fach ‚Französisch' sind wirklich bemerkenswert gut. Und auf Frankreich kannst du dich freuen. Ein wunderschönes Land. Wo es für dich genau hingehen wird, kann ich im Moment noch nicht sagen."

***

Ende August war es dann soweit. Seit 6.10 Uhr morgens saß Leo im internationalen Schnellzug, der ihn über Aachen und Lüttich nach Paris bringen sollte. Er würde sechs Wochen in Frankreich bleiben. Zwei Wochen in einem deutsch-französischen Jugendcamp etwa vierzig Kilometer nördlich von Paris. Und danach einen Monat bei einer Familie in Vaubain, einer Kleinstadt, die ebenfalls im nördlichen Frankreich lag.

Der Zug war angenehm leer und Leo genoss es, ein ganzes Abteil für sich allein zu haben mit ausreichend Platz für sein Reisegepäck und seine geliebte Gitarre, die er in einem uralten, kofferähnlichen Behältnis transportierte. Er hatte gerade sein erstes Butterbrot ausgepackt, als kurz hinter Aachen ein belgischer Zöllner durch den Zug ging und die Reisenden kontrollierte.

„Du bist doch nicht etwa von zuhause weggelaufen?“ fragte der Mann in erstaunlich gutem Deutsch. „Du bist erst sechzehn... und in diesem Alter kann man nicht einfach so allein durch die Welt reisen. Ich muss das Erlaubnisschreiben deiner Eltern sehen.“

Leo starrte den Zöllner entgeistert an und schüttelte den Kopf. „Nein, also... ein Schreiben meiner Eltern... das gibt es nicht. Aber hier... ist die Bestätigung meines Gymnasiums, dass ich zu einem Schüleraustausch eingeladen bin. Deutsch-französischer Freundschaftsvertrag... sie wissen schon. Adenauer und de Gaulle.“

Der Zöllner überflog schnell das Schreiben der Schule und nickte: „Okay, da hast du ja noch einmal Glück gehabt. Gute Reise. Und pass auf dich auf... und auf deine Gitarre.“

Der Schnellzug kam nahezu pünktlich in Paris an, genauer gesagt im Gare du Nord, einem riesigen Kopfbahnhof, in dem Züge aus allen Himmelsrichtungen im Minutentakt anzukommen schienen.

Was Leo als erstes wahrnahm, war ein schier ununterbrochener Strom von Reisenden. Menschen, mit oder ohne Gepäck, die über die Bahnsteige hasteten und routiniert dem Ausgang zustrebten. Menschen, die in der riesigen Bahnhofshalle umherirrten oder von dem Strom der Reisenden auf dem Weg zu ihren Zügen aufgesogen zu werden schienen. Im Hintergrund im Minutentakt, manchmal sogar noch öfter, völlig unverständliche, nervtötende Lautsprecherdurchsagen, auf die ohnehin keiner zu achten schien.

Inzwischen hatte sich Leo - samt vollgepacktem Koffer und der über der Schulter baumelnden Gitarre - bis auf den Bahnhofsvorplatz vorgekämpft. Ein Platz so groß wie ein Fußballfeld. Von außen war der Gare du Nord noch eindrucksvoller als von innen. Leo konnte sich nicht satt sehen an der langgestreckten, reichverzierten Prunkfassade, an den übergroßen, verglasten Bogenfenstern. Weniger ein Bahnhof, eher ein Palast, in dem ständig Hochbetrieb herrschte, in dem es alle fürchterlich eilig zu haben schienen.

Was er verzweifelt suchte, war der Busbahnhof. Wie in seinen Unterlagen vermerkt, sollte er hier am Gard du Nord in die Buslinie 702 einsteigen... bis zur Endstation. Das Jugendcamp würde dann direkt vor ihm liegen. Eine Fahrt von weniger als einer Stunde. Aber so einfach wie es klang, war es nicht. Alles war riesig und verwirrend hier. Vielleicht würde es in der Bahnhofshalle ja doch einen Informationsstand für Busverkehr geben.

An einem der vielen Kioske kaufte sich Leo eine Cola, ärgerte sich über den unverschämt hohen Preis, und war froh, Koffer und Gitarre endlich abstellen zu können. Vor allem die Gitarre war lästig. Vielleicht hätte er sie ja doch besser zuhause lassen sollen, dachte er.

Leo hatte ihn nicht näherkommen sehen, doch plötzlich stand ein wildfremder Mann unmittelbar vor ihm. Ein Mann von vielleicht 45 oder 50 Jahren, der sich erst gar nicht die Mühe machte, freundlich zu lächeln oder guten Tag zu sagen. Sein Ton war schroff:

„Du kommst aus Deutschland. Das kann ich an all den verrückten Aufklebern auf deinem Gepäck erkennen."

„Ja, stimmt, ich bin gerade erst angekommen", Leo wusste nicht so recht, wie er sich verhalten sollte, fügte dann aber doch noch hinzu „Schüleraustausch, Deutsch-Französischer Freundschaftsvertrag."

Der Mann schaute ihn gereizt, ja fast schon wütend an, schüttelte heftig den Kopf. „Französisch-deutsche Freundschaft... das ist ein Phantom. Etwas, was es nicht gibt. Und nie, nie geben wird. Hirngespinste sind das. Seniles Wunschdenken von Politikern wie De Gaulle, wie Adenauer. Es waren die Deutschen... die verdammten Boches... die das Leben meiner Familie zerstört haben. Und das zweimal. Im ersten Weltkrieg ist mein Vater gefallen, im zweiten Weltkrieg mein Bruder. Freundschaft? Aussöhnung? Dass ich nicht lache."

Das Gesicht des Mannes war vor Aufregung und Zorn rot angelaufen, er war noch näher an Leo herangerückt. Plötzlich machte er auf dem Absatz kehrt und war verschwunden. Der Strom der Reisenden hatte ihn verschluckt.

Leo stand nachdenklich - mit seiner halb ausgetrunkenen Colaflasche in der Hand - vor dem Bahnhofskiosk. Was hatte Herr Klausen, sein Geschichtslehrer, noch gesagt? „Zwischen Deutschen und Franzosen... das ist nach wie vor eine Beziehung auf dünnem Eis. Die Zeit heilt vielleicht die schlimmsten Wunden, aber der Krieg ist noch keine zwanzig Jahre vorbei. Wer als Austauschschüler nach Frankreich geht, sollte darauf vorbereitet sein, dass ein solcher Aufenthalt nicht immer und nicht überall wie ein Spaziergang im Park sein wird.

***

Das Jugendcamp trug den schönen Namen ‚L´Avenir'... die Zukunft... und lag idyllisch, umgeben von Wiesen und Feldern, unweit eines kleinen Sees. Vom ersten Tag an fühlte sich Leo hier wohl. Und das hatte mehrere Gründen.

Zunächst wegen Jean-Claude, mit dem er nicht nur das Zimmer, sondern viele Interessen teilte. Wie er liebte Jean-Claude Musik, hatte Spaß an Büchern, war an Fußball interessiert. Und er war jemand, der andere Leute gern zum Lachen brachte.

„Ich liebe die deutsche Sprache", scherzte er. „Nach zwei Jahren Unterricht bin ich selbst überrascht, wie wenig ich verstehe, wie schlecht ich mich in Deutsch ausdrücken kann. Trotzdem bin ich stolz: Niemand hat so eine schöne Sammlung ungewöhnlicher deutscher Wörter wie ich."

Jean-Claude kramte von irgendwo her eine kleine Kladde hervor, eine Kladde fast wie ein Vokabelheft, nur mit eingestanztem Alphabet.

„So, Leo, pass auf! Nenn mir bitte irgendeinen Buchstaben des Alphabets."

„Na gut", Leo sah ihn neugierig an, „sagen wir K."

Jean-Claude blätterte kurz durch das Heft und lachte. „Volltreffer. Ich hätte hier ein wunderbares Wort im Angebot: Kraftfahrzeugzulassungsstelle... immerhin... ich muss zählen... 29 Buchstaben. Für den Anfang nicht so schlecht. Noch ein Versuch!"

„Ich nehme G", Leo sah, wie sehr sich Jean-Claude freute.

„Also G... du glaubst es nicht... hier steht Gitarrenkursanmeldeformularentwurf. 34 Buchstaben... das ist ja fast schon rekordverdächtig."

Jean-Claude klatschte vor Begeisterung in die Hände.

„Und, Leo, weil du so geduldig mitgemacht hast, verkünde ich dir jetzt mein aktuelles Lieblingswort... beginnt mit B... klingt wenig literarisch und wunderbar irreal... Bodenstaubsaugerabdeckungsverriegelung... Das ist Technik-Poesie vom Feinsten, findest du nicht? 38 Buchstaben in einem einzigen Guss, das ist genial. Ich habe stundenlang geübt, um so einen Wort-Bandwurm wenigstens halbwegs verständlich aussprechen zu können. Bei Substantiven ist Deutsch wie ein Baukasten... etwas Sinn und Verstand ist schon nötig, aber dann muss man nur vorsichtig einen Stein an der anderen setzen. Voilà!"

Jean-Claude machte eine ausladende Handbewegung und grinste:

„Und von dir, mein lieber Leo, erwarte ich, dass du mir hilfst, weitere Wortungetüme zu finden. Meine kleine Kladde schreit nach mehr. Wir müssen sie unbedingt füttern."

Meine Gitarre mitzunehmen, ist wohl eine der besten Ideen gewesen, die ich seit Jahren gehabt habe, dachte Leo und schaute mehr als zufrieden auf das vor ihm liegende Heft mit den Liedtexten. Ein internationales Jugendcamp, Livemusik mit guten Songs... seine Gitarre wäre da sicher nicht fehl am Platz.

Er hatte genau den richtigen Riecher gehabt.

Der Spätsommer zeigte sich von seiner besten Seite mit milden Temperaturen bis spät in die Nacht hinein. Nach dem Abendessen trafen sich die knapp sechzig Teilnehmer des Camps - Jungen wie Mädchen aus Deutschland und aus Frankreich - auf der großen Wiese neben dem Fußballplatz. Und es waren junge Leute, die sich trotz des Wirrwarrs von holprigem Französisch und noch holprigerem Deutsch blendend verstanden. Sich in Englisch zu unterhalten war tabu. So die Regel, an die sich die meisten auch zu halten schienen.

Man lachte, alberte herum, flirtete, freute sich des Lebens, sprach über Reisen, über die Zukunft und was sie bringen könnte, über was auch immer.

Und bald saßen alle um das Lagerfeuer herum und Leo griff zu seiner Gitarre und begann zu singen. Mit viel Feingefühl. Chansons von Charles Trenet, von Gilbert Bécaud, von Jacques Brel. Er sang vom Meer, von Trennung und Verlassenwerden, von Einsamkeit und großer Ratlosigkeit. Zuerst immer den französischen Originaltext, dann auch auf Deutsch. Eigene Übersetzungen waren es, Texte, an denen er zuhause wochenlang gefeilt hatte.

Leo war ... wie er es selbst ausdrückte... im Camp bald bekannt wie ein bunter Hund. Nicht nur wegen der Musik. Auch als zuverlässiger Torwart des *FC L'Avenir*, der buntgemischten Fußballmannschaft des Camps. Aber dann passierte etwas Ungewöhnliches: Kurz vor Schluss eines Spiels gegen den benachbarten Dorfclub lenkte er einen an sich harmlosen Ball mit den Fäusten ins eigene Tor. Absichtlich... da waren sich alle sicher.

„Warum machst du sowas?", hatte Jean-Claude gefragt.

„Weil ich einfach dachte, ein Unentschieden wäre gerechter, wäre auch besser. Die Jungs aus dem Dorf sind über sich hinausgewachsen. Das muss man anerkennen. Dennoch hätten sie gegen ein Team, in dem auch deutsche Spieler mit dabei waren, verloren. Gar nicht gut für die deutsch-französische Freundschaft, oder?"

„Was für ein Quatsch. Was für ein hanebüchener Unsinn, Leo", antwortete Jean-Claude und man sah ihm an, dass er sich wirklich ärgerte. „Das war einfach unsportlich von dir. Vielleicht sogar arrogant. Wir reden hier von einem simplen Fußballspiel zwischen Jugendmannschaften, nicht von der großen Politik."

„Alles hängt zusammen, Jean-Claude“, Leo versuchte, nicht lehrerhaft zu klingen, „auch die kleinste Kleinigkeit gibt manchmal den Ausschlag. Das Verhältnis von Deutschen und Franzosen... alles ist so extrem fragil. Die Stimmung kann schnell umschlagen... in die eine oder die andere Richtung. Jeder noch so kleine Mosaikstein kann dabei eine Rolle spielen. Wir alle brauchen Fingerspitzengefühl, viel Fingerspitzengefühl.“

„Übertreibst du nicht fürchterlich?“, Jean-Claude schüttelte seinen Kopf. „Eine Art Zeitenwende hat doch schon längst stattgefunden. Franzosen, Deutsche, Italiener, die Bewohner der Benelux-Staaten... alle rücken enger zusammen, treffen sinnvolle, zukunftsweisende Entscheidungen. Nicht erst seit Gründung der Europäischen Wirtschaftsgemeinschaft vor gut sieben Jahren. Ich meine die Verträge von Rom. Zugegeben, wir müssen vielleicht eine lange Wegstrecke gehen, und mancher Weg wird mit Schlaglöchern übersät sein, wird sich als Sackgasse oder als teurer Umweg erweisen. Aber so etwas ist doch völlig normal. Ich bin und bleibe sehr zuversichtlich. Europa wird mehr und mehr zusammenwachsen. Und Franzosen und Deutsche werden sich aussöhnen. Ganz bestimmt.“

Vom Camp aus war es ein Katzensprung zu einigen sehenswerten Orten in der Umgebung. Einer der schönsten Ausflüge war der nach Senlis, einer mitten in der Natur gelegenen mittelalterlichen, lebendigen Kleinstadt mit einer wunderschönen gotischen Kathedrale, einer uralten

Stadtmauer, prächtigen Stadtpalästen und einer malerischen Altstadt mit Torbögen und engen Gassen. Senlis... ein Kleinod. Liebenswert, heiter, einladend.

Ganz anders der Tag in Compiègne.

Hier war es weniger die Stadt oder die großartige Schlossanlage, die in Erinnerung blieben. Hier war es ein einziger, auf einer Waldlichtung aufgestellter Eisenbahnwaggon. Ein Salonwagen als Spiegelbild des kriegerischen Wahnsinns. Ein Sinnbild für das in der Vergangenheit zutiefst zerrüttete Verhältnis zwischen Deutschland und Frankreich. Ein Eisenbahnwaggon als Schauplatz der Unterzeichnung des Waffenstillstands von 1918, der einer offenen Kapitulation Deutschlands gleichkam. Auf Befehl Hitlers wurde dann in eben diesem Waggon, an demselben Schreibtisch im Juni 1940 die Kapitulation Frankreichs unterzeichnet mit der anschließenden Besetzung großer Teile des Landes durch deutsche Truppen.

Compiègne... für Leo ein bedrückender, aber auch ein lehrreicher Tag. Ein Tag zum Nachdenken. Manches würde er in Zukunft sicher besser verstehen und einordnen können.

Der letzte Tag des Jugendtreffens sorgte dann noch für Aufregung. In der Nacht zuvor war der Eingangsbereich des Camps von außen mit zwanzig oder mehr großformatigen Plakaten geradezu zugekleistert worden. Auf den Plakaten war eine Art Wahlzettel abgebildet, überschrieben mit: Ja oder nein zur französisch-deutschen Freundschaft. Darunter ein riesiges, fett aufgedrucktes NON mit einem ins Auge springenden dicken Ausrufungszeichen.

Die Leitung des Jugendcamps war über die Aktion sichtlich verärgert, sprach von den Unverbesserlichen, den ‚Ewig-Gestrigen', die es halt überall geben würde. Die Jugendlichen fackelten nicht lang und überklebten den gesamten unteren Teil des Plakats. Statt des NON war jetzt ein schreiend großes OUI in kräftigen Blautönen zu sehen ergänzt durch die Europaflagge, die inzwischen alle kannten.

Abends gab es noch eine kleine Überraschung. Als sich alle - wie üblich - auf der großen Wiese um das Lagerfeuer versammelt hatten, trat Jean-Claude nach vorne, räusperte sich und lächelte sein schönstes Lächeln:

„Lieber Leo, ohne dich und deine Gitarre wären die letzten zwei Wochen nur halb so schön gewesen. Statt einer langweiligen Verdienstmedaille, die ich dir um den Hals hängen könnte, habe ich etwas ganz Besonderes für dich: Du hast an allen Abenden deine Stimme strapaziert, vielleicht ja sogar überstrapaziert. Darum hier als Geschenk von uns allen eine extra große Tüte mit wunderbar schmeckenden französischen Bonbons, bewährt bei Husten und vor allem auch bei Heiserkeit."

Großes Gelächter, großes Gejohle. Minutenlanger Applaus.

Leo ließ sich nicht zweimal bitten. Er griff zur Gitarre und sang eines seiner Lieblingschansons: ‚Amsterdam' von Jacques Brel. Das Lied von den Matrosen, die im Hafen von Amsterdam durch Kneipen und Spelunken ziehen und von ihren Träumen draußen auf See erzählen.

***

Die Fahrt vom Jugendcamp nach Vaubain war umständlich. Leo musste dreimal umsteigen, und dann jeweils fast eine Stunde auf den Anschluss warten. Die Linienbusse, in die er ein- und umstieg, waren nicht gerade neu und innen beängstigend eng. Zum Glück gab es immer freie Sitzplätze, und damit genügend Platz für Koffer und Gitarre.

Am späten Nachmittag kam er am Marktplatz von Vaubain an, der Stadt, in der seine Gastfamilie wohnte. Sein erster Blick fiel auf die Kirche, auf das Kriegerdenkmal in der Mitte des Platzes, auf zwei oder drei Restaurants, vielleicht ja auch nur Bars, die sich hinter einer Doppelreihe von Schatten spendenden Platanen zu ducken schienen.

Leo fragte einen freundlich aussehenden, älteren Mann, der mit seinem Hund die Runde drehte, wo er das Radio-und-Fernsehgeschäft von George Dubois finden könne.

„Ist nicht allzu weit", war die Antwort. „Hier entlang, an der nächsten Kreuzung nach links und dann immer geradeaus. Ist nicht zu übersehen."

Mit dem Koffer in der rechten Hand und der Gitarre über der linken Schulter machte er sich auf den Weg. Vorbei am repräsentativen Rathaus und der Polizeistation bog er hinter der Sparkasse nach links in die verkehrsberuhigte Bahnhofsstraße ein, unverkennbar *die* Einkaufsstraße der kleinen Stadt. Damenmode-Boutiquen, Bäckereien, Metzger, ein Schuhgeschäft, ein teuer aussehender Delikatessenladen, Spielzeug, Porzellan, Dessous und mehr gab es hier zu kaufen... ein Friseur, links eine Brasserie, direkt gegenüber eine Bar-Tabac. Ein gut gemischtes Angebot, eine Straße, in der gekauft, gelacht und gelebt wurde, offensichtlich ein Magnet für die Bewohner der Stadt. Vielleicht auch der umliegenden Dörfer.

Endlich hatte Leo das entdeckt, wonach er suchte: Großzügig wirkte es und modern, mit schwungvoller Neonreklame und opulent beleuchtet fast wie ein Großstadtwarenhaus... das Fachgeschäft für Radio und Fernsehen von George Dubois. Und direkt neben dem Geschäft das überaus solide, dreistöckige Wohnhaus der Familie. Beeindruckend.

Leo schaute gerade etwas unschlüssig Richtung Eingangstür, als eine vielleicht vierzigjährige Frau, beladen mit einem Berg von Baguettes, lächelnd auf ihn zukam:

„Hallo junger Mann. Könnte es vielleicht sein, dass du der Austauschschüler aus Deutschland bist? Wenn du Leo heißt, bist du hier genau richtig... zumindest für die nächsten vier

Wochen. Wir haben schon den halben Tag auf dich gewartet."

„Ja, ich bin Leo. Tatsächlich. Guten Tag Madame Dubois. Ich freue mich, hier zu sein. Sehr sogar."

„Leo, nenn mich nur nicht Madame Dubois. Dann fühle ich mich gleich zwanzig Jahre älter. Wir sprechen uns hier alle mit dem Vornamen an. Also ich bin ... Catherine. Ob du „Du" oder „Sie" zu mir sagst, ist mir ehrlich gesagt ziemlich egal, aber vielleicht ist „Sie" doch besser. Ich schlage vor, dass du das bei meinem Mann George, vor allem aber auch bei Oma Marie und Opa Jean auch so machst."

Catherine sah zufrieden aus. „Also, Leo, das Wichtigste wäre damit geklärt. Und einen Begrüßungskuss von dir bekomme ich auch noch. Bitte merken: Zuerst rechts, dann links. Du solltest dabei nur leicht die Wange berühren. Wir probieren das am besten hier und jetzt aus."

Leo zögerte einen kurzen Moment, aber dann rückte er doch ganz dicht an Catherine heran, hauchte zwei Küsse auf ihre Wangen... in der genau richtigen Reihenfolge.
„Bravo, Leo, bravo", Catherine lächelte, „du bist wohl ein echtes Naturtalent."

Mit dem Gästezimmer, das die Familie Dubois ihm für die nächsten vier Wochen zur Verfügung stellte, war Leo mehr als zufrieden. Als er gerade dabei war, seinen Koffer auszupacken, begrüßte ihn Louis, der 16-jährige Sohn der Familie, mit einem freundlichen Bonjour: „Endlich bist du da. Herzlich willkommen. Ich freue mich riesig auf die nächsten Wochen. Wir werden sicher viel zusammen unternehmen. Auch im Gymnasium werden wir in die gleiche Klasse gehen. Claire natürlich auch.“

„Claire“? Leo sah Louis überrascht an.
„Ach, weißt du das gar nicht? Ich spreche von meiner Zwillingsschwester Claire.
Wir sind dann zu dritt in einer Klasse.“

Leo lernte Claire beim Abendessen kennen und freute sich, dass er am Esstisch direkt neben ihr saß. Was Catherine alles auftischte, war schier unglaublich: Gemüsesuppe, Garnelen (hatte er noch nie gegessen), Kabeljau, Kalbsbraten und als krönender Abschluss Crème Brulée (auch völlig neu für ihn). Was für ein Festessen... an einem ganz normalen Wochentag.

Und dann sprach Opa Jean ihn plötzlich auf Deutsch an.
„Du wunderst dich sicher. Aber Marie und ich, wir kommen ursprünglich aus dem Elsass. In unserer Kindheit, und dann noch bis 1918, war das Elsass - wie du sicher weißt - Teil des Deutschen Kaiserreichs. Deutsch war - wenn man so will - unsere erste Muttersprache. Dann... nach Ende des ersten Weltkriegs wurde das Elsass wieder Französisch. Und wir zu Franzosen. Und 1940... kam dann die deutsche Besatzung. Ich könnte viel darüber erzählen. Auch unschöne Dinge.

Aber jetzt wechsele ich besser wieder ins Französische. Außer Marie verstehen uns die anderen ja sonst überhaupt nicht. Wie kam es denn dazu, dass du nun hier bei uns in Vaubain gelandet bist?“
„Das alles hat viel mit dem Deutsch-Französischen-Freundschaftsvertrag zu tun. Und natürlich... auch damit, dass Französisch eine Sprache ist, die mir besonders gefällt. Viel mehr als Englisch.“

Leo erzählte davon, was er im Jugendcamp erlebt hatte, von den Ausflügen, von dem wunderbaren Miteinander und von seiner Freundschaft mit Jean-Claude.

„Die schönste Stadt Frankreichs ist Vaubain vielleicht nicht“, bemerkte George und sah wie Louis und Claire zustimmend nickten. „Hier sucht man vergeblich nach einem prachtvollen Schloss, nach ausgedehnten Parkanlagen. Bei uns gibt es leider nur wenig Historisches. Vaubain ist eher eine Industriestadt, in der die Menschen aber gutes Geld verdienen können. Praktisch lebt die Stadt von einem einzigen großen Arbeitgeber, einem Auto-Zulieferungsbetrieb. Sehr gut geführt, nach wie vor in Privatbesitz. Der Inhaber ist leider ein äußerst schwieriger Mensch. Aber - wie man sich vorstellen kann - jemand mit enorm viel Einfluss hier. Vielleicht sogar mehr als der Bürgermeister.“

Louis grinste und schaute kurz in die Runde. „Also, ich hätte da einen Vorschlag. Die meisten von euch wissen überhaupt nicht, dass unser neuer Gast seine eigene Gitarre mitgebracht hat. Also Leo... zum Ausklang unseres ersten gemeinsamen Abends... wie wäre es mit einer kleiner Kostprobe... wie du so spielst, was du so spielst. Hast du Lust? Wir alle sind sehr gespannt.

Ja, Leo hatte Lust. Er zögerte nicht, holte seine Gitarre, spielte ein paar Akkorde und begann gleich zu singen... ein Chanson nach dem anderen. Chansons, die fast jeder in Frankreich kannte. Er sang auf Französisch, auch auf Deutsch... mit viel Charme und Einfühlungsvermögen. Alle staunten. Was für eine wunderbare Stimme. Claires Augen leuchteten.

Mit Beginn der neuen Woche ging er zusammen mit Louis und Claire regelmäßig in den Schulunterricht, alle drei in die gleiche Klasse. Das Gymnasium ‚Victor Hugo' lag am Rande der Kleinstadt: Ein langgestreckter, wenig beeindruckender Zweckbau mit Turnhalle und einem Fußballfeld, das auch für Leichtathletik herhalten musste. Auf dem Pausenhof stand ein ziemlich abstraktes - von einem lokale Künstler entworfenes - Denkmal aus hellem Granit, das an die Gefallenen des ersten und zweiten Weltkriegs erinnerte.

Der Zufall wollte es, dass Leo im Klassenraum direkt neben Claire saß. Monsieur Petit, der erstaunlich junge Direktor der Schule, hatte ihm am ersten Tag diesen einzigen noch freien Platz zugewiesen. Leo freute sich, Claire wohl auch, obwohl sie dies anderen gegenüber nie zugegeben hätte.

Und auf Claire konnte man sich verlassen, das merkte Leo schnell. Wenn er im Unterricht sprachlich nicht ganz folgen konnte, wenn ihm bei Antworten die eine oder andere Vokabel nicht einfiel, wenn er Hilfe brauchte in Mathe oder Physik, - Fächer, die ihm ohnehin nicht besonders lagen - Claire war seine Rettung. Jammerschade, dass das Gymnasium ‚Victor Hugo' keinen Deutschunterricht anbot, auch nicht als Wahlfach. Im letzten Jahr hatte man es zwar versucht, aber wegen mangelnder Nachfrage einen Rückzieher machen müssen. Claire war eine der wenigen gewesen, die sich angemeldet hatten.

Zu George Dubois hatte Leo anfangs ein eher distanziertes Verhältnis. Aber dann änderte sich auch das. An einem der Sonntagnachmittage führte George ihn durch sein ‚Technik-Heiligtum', wie er es scherzhaft nannte: Das erst vor weniger als zwei Jahren völlig umgebaute und wesentlich erweiterte, moderne Geschäftslokal samt Reparaturwerkstatt. „Auf die Werkstatt bin ich besonders stolz", betonte er und seine Augen strahlten. „Top ausgestattet. Neueste Geräte. Neueste Instrumente. Wirklich alles vom Feinsten. Das macht uns so schnell niemand nach. Hier in der Gegend liegen wir damit meilenweit vorne."

Leo war tief beeindruckt. Fast ehrfürchtig strich er mit den Fingerkuppen über zwei oder drei der ausgestellten Fernsehgeräte, deren Bildschirme viel größer waren, als er es gewohnt war.

„Dies hier ist also mein Reich“, George hatte sich in die Mitte des Verkaufsraums gestellt. „hier fühle ich mich wohl. Und ich kann nicht klagen. Das Geschäft läuft gut. Sehr gut sogar. Muss es aber auch, denn der Umbau hat viel Geld gekostet. Das Geschäft mit den Schwarz-Weiß-Fernsehern ist nach wie vor ein Selbstläufer. Vor allem die neuen Modelle sind gefragt. Aber bald - das wird leider noch etwas dauern - werde ich hier in diesem Laden zum ersten Mal Farbfernsehgeräte verkaufen. Eine technische Revolution, die alles auf den Kopf stellen wird. Das Geschäft wird boomen. Da bin ich mir sicher.“

„Aber auch schon heute“, fuhr er fort, „kann ich den Kunden hochinteressante technische Neuerungen anbieten. Ich spreche jetzt nicht allein vom Fernsehen. Hast du vielleicht schon einmal etwas von Stereo und Stereoanlagen gehört?“

Leo nickte: „HiFi-Anlagen, ja, damit habe ich mich ein wenig beschäftigt. So etwas wäre mein Traum... leider unerfüllbar... ein guter Plattenspieler, ein ordentlicher Verstärker, zwei gute Boxen. Ich bin sicher nicht der einzige... jeder, der gerne Musik hört, träumt davon. Leider fehlt den meisten wohl das Geld.“

„Schau her und setzt dich hin“, George war vorgegangen. „Diesen Raum hier habe ich nur für stereo-interessierte Kunden einrichten lassen. Hier kann man sich selbst von der unglaublichen Klangtreue der Geräte überzeugen, von dem völlig neuen, räumlichen Klangeffekt, wirklich fast wie in einem Konzertsaal. Leider, und da muss ich dir rechtgeben, sind solche HiFi-Anlagen ziemlich teuer. Ich wundere mich nicht, dass sie zu Statussymbolen geworden sind. Jeder gibt im Freundeskreis gerne damit an, vor allem, wenn es sich um besonders hochwertige Anlagen handelt."

Die letzte Woche von Leos Aufenthalt war angebrochen. Catherine war - wie jeden Tag - auch an diesem Mittwoch auf dem Weg zum Bäcker: Mal kaufte sie vier, mal fünf Baguettes, neuerdings auch schon einmal zwei der etwas kräftiger schmeckenden Rustiques, extra für George und Louis.

Als sie zufällig auf die andere Seite der Grande Rue schaute, sah sie Claire... sie sah Claire und Leo... wie die beiden Hand in Hand Richtung Marktplatz schlenderten. Sie beobachtete, wie Leo seinen Arm um Clairs Schultern legte, wie beide plötzlich stehenblieben, sich lange in die Augen schauten, lachend weitergingen, in die nächste Seitenstraße einbogen und aus ihrem Blickfeld verschwanden.

War Catherine wirklich überrascht?

Sie war nicht taub, sie war nicht blind: Claire und Leo hatten zuletzt oft zusammengehockt... zum Sport, zum Stadtbummel, zum Einkaufen hatten sie sich fast immer zu zweit verabredet. Nur beim Sommerfest der Schule war Louis mit dabei gewesen. Was Catherine besonders aufgefallen war: Fast jeden Tag war Claire mit irgendeiner kleinen Geschichte nach Hause gekommen, meist einer richtig lustigen

Geschichte, aber immer mit einer Geschichte, in der Leo die Hauptperson spielte. Ja, Claire hatte sich verliebt, das erste Mal in ihrem Leben. Schon seit Tagen war sich Catherine ziemlich sicher. Überrascht war sie also nicht. Nur ein wenig enttäuscht. Warum hatte Claire sie nicht ins Vertrauen gezogen? Und Louis? Der wusste sicher schon längst Bescheid. Aber bei Louis waren Geheimnisse ja immer schon gut aufgehoben gewesen.

Catherine wollte sich nicht aufregen. Morgen war der ganze Spuk ohnehin vorbei. Morgen würde Leo abreisen. Sie würde Leo mit dem Auto zum Bahnhof bringen. Der Regionalzug Richtung Paris fuhr um kurz vor 9 Uhr ab. Claire würde nicht dabei sein können. Sie müsste in die Schule. Und das war vielleicht ganz gut so. Claire musste einen Vortrag über französische Literatur halten, einen Vortrag, auf den sie sich wochenlang vorbereitet hatte. Einfach würde das für sie sicher nicht sein.

In der Nacht schlief Catherine schlecht.

Claire und Leo spukten durch ihre Träume. Und es war immer der gleiche Traum, der sie verwirrte. Sie träumte, wie Claire und Leo jeden Tag durch Vaubain schlenderten, stundenlang, überall hin... Einkaufsstraße, Grande Rue, Marktplatz, der kleinen Park am Museum. Immer händchenhaltend, blind vor Glück.

Catherine träumte, wie die ganze Stadt dabei zuschaute, wie die Leute tuschelten, wie Klatsch und Tratsch erzählt und geglaubt wurden, wie die Gerüchteküche brodelte. Einige Leute steckten die Köpfe zusammen und fragten unverblümt: „Warum verliebt sich ein so hübsches und gescheites Mädchen ausgerechnet in einen jungen Deutschen? Und provoziert damit ganz Vaubain. Das darf doch nicht sein. Der letzte Krieg... das ganze Elend... all das ist doch längst noch nicht vergessen. Warum greifen die Eltern nicht ein? Warum versteckt sich George Dubois?"

Aber dann, unmittelbar danach und noch im gleichen Traum, hörte Catherine plötzlich sanfte, beruhigende Stimmen, auch die von Bewohnern von Vaubain: „Was regt ihr euch denn so auf? Wart ihr nie jung? Wart ihr nie verliebt? Claire und Leo... das ist eine Schülerliebe. Seid fair zu ihnen. Claire und Leo sind wunderbare junge Menschen, die es zu etwas bringen werden, die an die Zukunft glauben. An Aussöhnung und Freundschaft."

Bei dem Wort Freundschaft war Catherine immer wach geworden. Aber sie ahnte, dass sich das schreckliche Traumkarussell weiterdrehen würde. Die ganze Nacht durch.

Am nächsten Morgen ging alles schnell. Bis auf den Milchkaffee rührte beim Frühstück niemand etwas an. Claire sah verweint aus, Louis schaute weg, als sie sich von Leo verabschiedete. Immer wieder flossen Tränen. Nicht nur bei Claire.

Catherine war schon mit ihrem in die Jahre gekommenen Renault vorgefahren, Leos Koffer, die Gitarre... beides wurde eingeladen. Kaum eine Viertelstunde später hatten sie den gerade frisch renovierten Bahnhof von Vaubain erreicht.

„Catherine“, Leo konnte seine Rührung nicht verbergen, „danke an euch alle für die schöne Zeit, danke für eure Herzlichkeit. Bitte... grüß Claire von mir. Ich werde mich bei ihr melden. Sobald es geht. Versprochen.“

Bis zur Abfahrt des Regionalzugs waren es noch 10 Minuten. Catherine umarmte Leo und reichte ihm ein kleines Päckchen und einen mit einer roten Schleife verschlossenen Briefumschlag. „Ist beides von Claire“, sagte sie und vermied, ihn dabei anzuschauen. „Beeil dich jetzt. Die Züge Richtung Paris fahren immer von Bahnsteig 4 ab.“

Der große Bluff

Eva sah glücklich aus.

Sie hatte gut geschlafen, konnte sich an einen wunderschönen Traum erinnern und dann war heute auch noch Sonntag. Der einzige Tag in der Woche, in der sie Zeit und Muße für ein ausgedehntes Frühstück hatte. Mit klassischer Musik im Hintergrund - gerne Vivaldi, gerne Chopin - und einem Kaffee am liebsten so stark, dass der Löffel in der Tasse stecken blieb. Natürlich gehörten die unnachahmlich guten Brötchen von Bäcker Lindemann mit dazu, genau wie Butter, Käse und die hausgemachte Marmelade ihrer Mutter. Nicht zu vergessen der frisch gepresste Orangensaft, ein weich gekochtes Ei, ein Becher Naturjoghurt und die schon vom Umfang her immer höchst beeindruckende Wochenendausgabe der Lokalzeitung.

So, und nicht anders, musste es aussehen: Evas opulentes Sonntags-Lieblings-Frühstück. Genuss und Entspannung für zwei Stunden und mehr.

Allein die Zeitungslektüre war wieder einmal wenig erbaulich. Den nicht nur in Europa immer aggressiver werdenden Studentenunruhen hatte das Blatt einige Sonderseiten gewidmet.

Eine nicht enden wollende Spirale von Gewalt in den USA... als Antwort auf den gewaltsamen Tod von Martin Luther King, als Protest gegen anhaltende Rassendiskriminierung, aber auch gegen den Vietnamkrieg. Frankreich schien im Chaos zu versinken: Blutige Straßenkämpfe mit der Polizei, brennende Barrikaden, Ruf nach radikalen Universitätsreformen, Millionen Arbeiter im Streik. Überall im Land besetzte Fabriken. Die Regierung De Gaulle würde dem enormen Druck der Straße wohl nicht mehr lange standhalten können, davon war Eva überzeugt.

In Deutschland war auf Rudi Dutschke, dem Wortführer der Studentenbewegung, ein Attentat verübt worden. Großdemonstrationen und Proteste eskalierten... gegen die Notstandsgesetze, gegen die Große Koalition, für radikale Hochschul- und Bildungsreformen. ‚Unter den Talaren... Muff von tausend Jahren' skandieren die jungen Leute und schienen fast alles in Frage stellen zu wollen. 1968.. was für ein Jahr!

Eva schaute auf die Uhr, legte die Zeitung zur Seite. Als sie gerade dabei war, den Frühstückstisch abzuräumen, klingelte das Telefon. Ulrich war in der Leitung.

„Hallo Eva, ich wollte mich ganz kurz melden und dir einen wunderschönen Sonntag wünschen. Ich bin zurzeit in Kanada, genauer gesagt in Vancouver, und um mich herum ist Nacht, tiefe Nacht."

„Was machst du denn in Kanada?"

„Ach, ich habe ja noch nie mit dir darüber gesprochen, was ich beruflich mache. Ich bin Vermögensverwalter. Und meine Kunden vertrauen mir. Blind sogar. Ich lege deren Gelder weltweit an und mache sie reich. Stell dir vor: Keiner hat sich je darüber beschwert.

Ich bin halt immer auf der Suche nach lukrativen Anlagemöglichkeiten. Ich investiere nur in Unternehmen, die ich persönlich besucht habe, die mich wirklich überzeugen. Das ist die Basis von allem, so arbeite ich, selbst wenn ich dafür in die entferntesten Länder und Gegenden der Welt fliegen muss. Und dieses Mal hat es mich eben nach Kanada verschlagen. Öl und Gas... das wird eine ganz große Sache hier.

Im Moment steckt alles noch in den Startlöchern, aber schon bald gibt es kein Halten mehr. Davon bin ich überzeugt. Wer hier anlegt, kann sein Geld verzehnfachen. Ja, du hast dich nicht verhört. Vielleicht ist sogar noch weit mehr möglich. Sorry, dass ich dich mit all diesem langweiligen Kram an diesem wunderschönen Sonntagmorgen im Wonnemonat Mai belästige.“

„Na, interessant hört sich das ja schon an“, Eva gingen viele Dinge gleichzeitig durch den Kopf, „wann bist du eigentlich wieder einmal in Düsseldorf?“

„So schnell ich kann. Ich bin noch vier Tage hier in Kanada. Morgen Nachmittag treffe ich in Calgary den Mann, den sie hier den Öl-und-Gas-Guru nennen. Ein unglaublicher Typ mit messerscharfem Intellekt. Was der sagt und denkt, auch das setzte ich für meine Kunden in Aktienkäufe um. Aber jetzt, liebe Eva, muss ich einhängen. Ich bin hundemüde und morgen muss ich in Topform sein."

„Träume am besten von dir selbst", lachte Eva, hörte aber nur noch ein Piepsen in der Leitung.

***

Sie hatte Ulrich vor mehr als einem halben Jahr auf einer Vernissage in Köln kennengelernt. Mit einem Glas Sekt in der Hand standen beide etwas ratlos vor einem collageähnlichen Bild, bei dem Zellstoff, Tapeten- und Zeitungspapier so aufgeklebt waren, dass sie sich zu Dreiecken, Halbkreisen und anderen geometrischen Formen zusammenfügten.

„Wie vieles im Leben versteht man so etwas vielleicht erst nach einer Weile", hatte Ulrich gemeint und dabei sein charmantes Lächeln aufgesetzt. Eva hatte zunächst nur genickt, aber dann waren sie doch schnell ins Gespräch gekommen. Kurzweilig war er gewesen, dieser Small Talk über Malerei und Kunst und den Sinn des Lebens.

Vom ersten Moment an hatte Ulrich sie geduzt... „sorry, aber das mache ich immer so, ich kann gar nicht anders"... und Eva war bereitwillig darauf eingegangen. Sie war selbst überrascht, wieviel Spaß ihr das machte.

Nach der Vernissage hatten sie noch einen Absacker in der ebenso schicken wie angesagten Bar des Dom-Hotels getrunken, locker über dies und jenes geplaudert, über den grauen Alltag, über Hobbys und Urlaubspläne und waren sich beim Zuprosten sogar etwas nähergekommen. Aber nur ein einziges Mal und nur für einen Wimpernschlag.

Wie von ihr erhofft, hatte Ulrich dann tatsächlich nach ihrer Telefonnummer gefragt. Aber als er sich - im Schatten des Domportals - formvollendet mit einem Handkuss von ihr verabschiedete, war sie mehr als verblüfft. Dieser Mann war jemand, der mit einer jungenhaften Lässigkeit jeden Gesprächspartner sofort duzte. Andererseits jemand, der bei Frauen den Kavalier der alten Schule herauskehrte und sich auf höchst elegante Art und Weise zu verabschieden wusste. Ein sicher durchsetzungsstarker Mann, der alles dafür zu tun schien, sich selbst perfekt in Szene zu setzen. Eva war beindruckt. Aber irgendwie auch verwirrt.

An den nächsten Tagen musste sie immer wieder über diesen Ulrich nachdenken, von dem sie nicht einmal den Nachnamen kannte. Ja, ein ansehnliches Exemplar von Mann war er schon, vielleicht Mitte vierzig... zehn Jahre älter als sie. Dumm schien er nicht zu sein, auch kein Zauderer. An diesem einen Abend in Köln überaus unterhaltsam und humorvoll, kein Langweiler, ganz und gar nicht. Jemand, der im Umgang mit Frauen seinen Charme geschickt einzusetzen wusste. Aber hatte dieser Mann an diesem Abend überhaupt mit ihr geflirtet? Oder hatte sie sich das alles nur eingebildet. Je öfter sie sich diese Frage stellte, desto mehr begann sie zu zweifeln. Bin gespannt, wie alles weitergeht, dachte sie.

Und es ging weiter. Aber anders, als Eva es sich vorgestellt hatte.

Drei Tage nach ihrem Treffen in der Galerie rief Ulrich tatsächlich an und verabredete sich mit ihr:
„Vielleicht macht dir Galopprennen genauso viel Spaß wie mir. Nächsten Sonntag ist Renntag in Krefeld. Eine der schönsten Rennbahnen, die es weit und breit gibt. Direkt im Stadtwald gelegen. Wirklich malerisch. Bei schönem Wetter kaum zu toppen."

Und das Wetter war schön. Jedenfalls zunächst.

Eva, die noch nie eine Pferderennbahn besucht hatte, fühlte sich von Anfang an wohl, genoss das besonderes Flair, das buntgemischte Spektakel: Edle Vollblüter, Jockeys in farbenfrohen Trikots, Fahnen und Fähnchen, ein Terrassencafé mit Blick ins Grüne, Würstchenbuden, Getränkestände, Salonmusik, Spaß für Kinder. Ein erwartungsfrohes Publikum, das die locker-leichte Stimmung voll und ganz zu genießen schien... ein idealer Sonntagsausflug, auch für die ganze Familie.

Was Eva besonders auffiel, war das ständige Kommen und Gehen der Zuschauer. Wie sie zwischen den Rennen auf und ab flanierten, wie sie zu den Führringen strömten, um Pferde und Jockeys aus nächster Nähe bestaunen und begutachten zu können. Wie sie sich geduldig in langen Reihen anstellten, um ihre Wetten abzugeben. Wie sie sich beeilten, um auf den Tribünen wieder einen guten Platz zu ergattern.

Und dann natürlich die Rennen selbst. Das nervöse Einrücken der Pferde in die Starterboxen. Dann vom Start an das an- und abschwellendes Raunen der Zuschauer auf den Tribünen.. die aufgeregten Anfeuerungsrufe auf der langen Zielgeraden... der mitreißende Schlussspurt... der Kampf um Sieg und Platzierungen. Dann als Krönung die Siegerehrung mit der Überreichung der Ehrenpreise, auch hier alles sehr stilvoll. Es machte Spaß, zuzuschauen und zu applaudieren.

Langweilig war er jedenfalls nicht, so ein Renntag. Eva war begeistert.

Weniger begeistert war sie von Ulrich

Gut sah er zwar aus in seinem sportlichen, in gedeckten Grün- und Blautönen gehaltenem Jackett, dem hellblauen Hemd, der überraschend dezenten Krawatte, dem passendem Einstecktuch. Bei der Begrüßung hatte er gestrahlt, sie höflich-distanziert mit Handkuss begrüßt, enthusiastisch „großartig siehst du aus, liebe Eva", gerufen und sich endlich auch vorgestellt:

„Ach, das hätte ich ja fast schon wieder vergessen. Also, ich bin Ulrich Vogeler... eine Art Nomade... ständig auf Reisen... hier am Niederrhein leider und immer nur auf Stippvisite. Wohne an sich im Ausland... in Genf, in Nizza... je nachdem. Aber das ist ja auch überhaupt nicht so wichtig."

Dann war er mit Eva langsam über das Gelände der Rennbahn geschlendert, hatte über Pferde und Jockeys, über seine enge Beziehung zum Pferderennsport geplaudert, hatte sie im Terrassencafé zu einem Glas Prosecco eingeladen, um sich dann für den Rest des Nachmittags rar zu machen:

„Entschuldige bitte, Eva, aber... ich wette leidenschaftlich gern... Einlaufwetten, Dreierwetten. Und ich liebe es, hohe Summen zu setzen. Das alles will gut vorbereitet sein, kostet etwas Zeit, etwas Mühe. Galopprennen... das ist fast so wie ein normaler Arbeitstag für mich. Wenn ich dich also hier - an diesem wunderschönen Sonntagnachmittag - ab und zu allein lasse, bitte ich schon jetzt um Nachsicht, um Verzeihung. Aber du wirst dich sicher auch ohne mich bestens amüsieren."

Ulrich strahlte sein Siegerlächeln, drehte sich um und war verschwunden. Eva sollte ihn an diesem Renntag in Krefeld erst nach zwei Stunden wieder zu Gesicht bekomm

Das war nach dem vierten Rennen. Er lief ihr - scheinbar zufällig - in Nähe der Logentribüne über den Weg und rief ihr übermütig zu: „Heute ist mein Glückstag. Stell dir vor: Bei den Einlaufwetten lag ich zweimal goldrichtig. Ich bin mehr als zufrieden. Eva, du bringst mir Glück, großes Glück. Und dann... habe ich noch einige äußerst interessante Gespräche führen können... mit Trainern, mit Jockeys, mit Züchtern. Habe ich dir eigentlich schon erzählt, dass ich in das Geschäft mit Rennpferden einsteigen werde? Sehr wahrscheinlich in Frankreich. Ein Superding wird das."

Der Wind hatte mächtig aufgefrischt. Über dem weitläufigen Geläuf der Rennbahn waren plötzlich dunkle Wolken aufgezogen und hatten sich zu einem gewaltigen schwarz-grauen Gebirge aufgetürmt. Es begann zu regnen.

„Ulrich, ich fahre jetzt nach Hause. Galopprennen ist eine tolle Sache bei schönem Wetter. Bei Regen wohl nur etwas für die Hartgesottenen. Und zu denen gehöre ich nun einmal nicht. Also... bis dann. Ich muss mich beeilen."

Ulrich tat für einen Moment enttäuscht, gab ihr einen Handkuss, bemerkte dann aber doch: „An sich hatte ich mir den heutigen Abend etwas anders vorgestellt. Aber jetzt hat es sich ergeben, dass ich mich mit einem Gestütsbesitzer verabredet habe. Ein überaus erfahrener Mann. Wir treffen uns nach dem letzten Rennen im ‚Haus Schüten' in Bockum. Scheint sein Stammlokal zu sein, wenn er in Krefeld ist."

Dieser Ulrich Vogeler... was für ein unverschämter Fatzke, was für ein nervtötender Selbstdarsteller, dachte Eva, als sie endlich zuhause war. Lädt mich zum Galopprennen ein, kaum sind wir dort angekommen, ist er verschwunden, bin ich Luft für ihn. Im Mittelpunkt zu stehen, bewundert zu werden, ein Publikum zu suchen, das bereitwillig applaudiert, ja, danach giert er. Ich, jedenfalls, werde ihm nicht auf den Leim gehen.

Nach dem ersten Kennenlernen - bei der Vernissage und dann in der Bar des Dom-Hotels - hatte sie sich tatsächlich eine wie auch immer geartete emotionale Bindung zu diesem Mann vorstellen können. Jetzt schämte sie sich fast für diesen Gedanken, sie ärgerte sich über sich selbst.

Aber warum war Ulrich überhaupt darauf aus, Kontakt zu ihr zu halten? Warum meldete er sich regelmäßig telefonisch? Meist aus ganz banalen Gründen. Vielleicht um ihr eine seiner verrückten Geschichten zu erzählen, die man glauben konnte oder nicht. Aber er hatte sie ja auch zur Feier seines 45. Geburtstags in seine Villa in der Nähe von Nizza eingeladen. „Eine Riesenfete. Der September ist dort unten der beste Monat. Wer alles kommen wird, bleibt mein Geheimnis. Eva, du wirst staunen. Und... bitte verrate es nicht weiter, du wirst meine Tischdame sein.“

***

Doch zurück zu dem Sonntagmorgen im Mai und Ulrichs Anruf aus Kanada.

Eva hatte dieses merkwürdige Telefonat noch einmal in Ruhe Revue passieren lassen. Ulrich... als unfehlbarer Investment-Guru, dem alle vertrauten, der aus purer Großherzigkeit alle seine Kunden reich machte. Was für ein fürchterlicher Aufschneider. Peinlich, mehr als peinlich fand sie das. Glaubte dieser Mensch wirklich, was er da behauptete? Oder war das seine perfide Masche, um renditehungrige Anleger zu ködern?

Das Wetter war wunderschön, die Temperaturen fast sommerlich, und Eva beschloss, für den Nachmittag nach Oberkassel zu fahren. Dort irgendwo einen Kaffee zu trinken, ihren Lieblingsspaziergang auf dem Rheindeich zu machen, vielleicht sogar bis nach Niederkassel. Sie war schon länger nicht mehr dort in dem denkmalgeschützten Brauhaus mit seinem idyllischen Biergarten gewesen.

Die Autobahn Richtung Düsseldorf war voller als erwartet, und auch in Oberkassel schienen an diesem einladenden Sonntag alle Parkplätze belegt zu sein. Aber als sie - vom Belsenplatz kommend - mit ihrem VW-Golf im Schritttempo über die Luegallee fuhr, hatte sie Glück. Ein Mercedes war gerade weggefahren und hatte ihr einen Parkplatz in Sichtweite vom ‚Café Boulevard‘ frei gemacht.

Eva stieg zufrieden aus dem Wagen, sah zufällig zur Café-Terrasse hinüber und traute ihren Augen nicht. Dort, ganz vorne an einem der kleinen runden Tische saß Ulrich Vogeler und unterhielt sich angeregt mit einer blonden Frau mittleren Alters. Eben dieser Ulrich, der sie vor gut zwei Stunden angeblich aus Vancouver angerufen hatte, der frühestens in vier Tagen wieder zurück in Deutschland sein wollte. Was für eine unglaubliche Frechheit! Ohne dass er sie sehen konnte, schlich sie sich noch näher an die Café-Terrasse heran, sah und hörte, wie Ulrich mit irgendwelchen Unterlagen hantierte, wortgewaltig auf die unbekannte Frau einredete und von der Chance ihres Lebens sprach.

Eva hatte genug gehört, hatte genug gesehen. Sie wusste genau, was zu tun war.

Wie verabredet stand Ulrich fünf Tage später, am späten Freitagmorgen, vor ihrer Haustür, überreichte mit großer Gestik einen opulenten Blumenstraß, lächelte charmant und begrüßte Eva erneut mit Handkuss.

„Entschuldige bitte die Verspätung, aber in der Nähe der Universität gab es wieder eine dieser wichtigtuerischen Studentendemonstrationen. Wofür oder wogegen dieses Mal protestiert wurde? Ich habe keine Ahnung. Jedenfalls musste ich einen Riesenumweg fahren."

Eva führte ihn ins Wohnzimmer, bot Kaffee und Mineralwasser an. „Wirklich beneidenswert, wie du hier wohnst", Ulrich gab sich begeistert. „Tolle Gegend. Tolles Haus. Viel Platz. Besser geht es wohl kaum."

„Seit wann bist du denn wieder aus Kanada zurück?“, Eva schaute ihn neugierig an.

„Aus Kanada? Seit gestern Nachmittag... und schon bin ich hier. Und ich habe tolle Nachrichten. Auch für dich. Aber dazu später. Zunächst: Ich habe es dort - nach harten Verhandlungen - geschafft, ein Aktienpaket einer einzigartigen kanadischen Ölgesellschaft zu erwerben. Und diese Aktien kann ich jetzt exklusiv meinen Kunden anbieten. Das ist ... einfach großartig.“

Als er merkte, dass Eva überhaupt nicht reagierte, fuhr er fort, legte er nach:

„Dieses erst vor einem Jahr gegründete Unternehmen, dessen Name ich im Moment noch nicht nennen möchte, habe ich selbst besucht und auf Herz und Nieren geprüft. Mein Fazit: Tolles Management, enormes Wachstumspotential, in Kürze schon extrem profitabel, eine Art Gelddruckmaschine. Jeder meiner Kunden, der jetzt einsteigt, wird sich eine goldene Nase verdienen. Ob du es glaubst oder nicht, dies alles hat sich schon in Windeseile bis nach Deutschland herumgesprochen. Die Aktien sind mir förmlich aus der Hand gerissen worden. Ich habe hier nur noch einen allerletzten Rest, den ich extra für dich zurückgehalten habe, liebe Eva. Für läppische 50.000 DM gehört er dir. Ein echter Freundschaftsdienst. Im grauen Markt bietet man mir schon dreißig oder vierzig Prozent mehr dafür. So verrückt ist das.“

Eva hatte geduldig zugehört, hatte sich nichts anmerken lassen. Aber jetzt platzte es einfach aus ihr heraus:

„Stopp", schrie sie, ihre Stimme überschlug sich und Zornesröte schoss ihr ins Gesicht, „sofort und ein für alle Mal Stopp. Ich kann deine unverschämten Lug-und-Trug-Geschichten nicht mehr hören, nicht mehr ertragen. Jedes Mal, wenn du den Mund aufmachst, lügst du. Mir kannst du nichts mehr vormachen. Du warst in Kanada? Das ich nicht lache. Ich habe dich am Sonntag in Oberkassel gesehen. In Begleitung einer deiner Kundinnen. Sicher völlig unerfahren in Anlagedingen, glaubt dir alles aufs Wort, merkt viel zu spät, wie sehr sie über den Tisch gezogen worden ist. Skrupel kennst du ja überhaupt nicht. Du verscherbelst wahllos Aktien von windigen Unternehmen zu total überhöhten Preisen an jeden. Ob deine Kunden Geld verlieren, meist sogar Totalverlust erleiden, das ist dir völlig egal. Hauptsache deine eigene Kasse stimmt."

Eva merkte, dass sie sich weiter in Rage redete, griff zum Wasserglas und starrte fassungslos auf diesen Ulrich Vogeler, der mit einem undurchdringlichen Pokerface vor ihr saß und so tat, als ob ihn all das überhaupt nichts anginge.

„Ich habe mich bei Leuten, die es wirklich wissen, schlau gemacht", Eva gelang es nur mühsam, ihre Wut zu unterdrücken. „Ihr vernichtendes Urteil: ‚Hände weg. Alles, was Ulrich Vogeler anbietet, ist Schrott.' Und ich habe erfahren, dass dir inzwischen das Wasser bis zum Hals steht. Einige deiner Kunden, die meisten davon sind interessanterweise Frauen, sind dir inzwischen doch auf die Schliche gekommen, haben sich an Fachanwälte gewandt, werden dich verklagen. Es wird eng, sehr eng für dich, lieber Ulrich. In deiner Haut möchte nicht stecken."

Wiederum traute Eva ihren Augen nicht. Sie sah, und es kam ihr vor wie in einem skurrilen Film, wie Ulrich Vogeler den vor ihm stehenden Kaffee noch austrank, mit Sorgfalt und in aller Ruhe die mitgebrachten Unterlagen zurück in seine piekfeine Aktentasche legte, sein tadellos sitzendes Anzugjackett zuknöpfte und in aller Ruhe und mit erhobenem Haupt ihr Haus durch die Eingangstür verließ. Ohne ein Wort zu sagen.

Theater... alles nur Schmierentheater... warum hatte sie dies nicht schon viel früher bemerkt.

Jetzt erst fiel ihr ein, dass der Blumenstrauß, den dieser vor Selbstbewusstsein strotzende Fiesling ihr mitgebracht hatte, immer noch auf dem Küchentisch lag. Sie packte den wunderschönen Strauß aus, stellte ihn in die größte Vase, die sie im ganzen Haus finden konnte und freute sich: Pfingstrosen, die meisten schon voll in Blüte stehend, in Zartrosa... ihrer Lieblingsfarbe. Für sie der Inbegriff des Frühlings, das Versprechen, dass der Sommer unmittelbar vor der Tür stand.

Acht Monate später - an einem nasskalten Sonntagmorgen im Januar - blätterte Eva beim Frühstück durch den

Wirtschaftsteils der Lokalzeitung... Börsenkurse, Goldpreise, Einzelhandelsumsätze, Löhne und Gewinne... wie an einer Perlenschnur lauter Themen und Berichte, denen sie nur wenig Beachtung schenkte. Sie hatte die Zeitung schon zusammengefaltet, warf zufällig noch einen Blick auf die letzte Seite... und dort war sie... die Überschrift, auf die sie schon so lange gewartet hatte: ‚Anlagebetrugsprozess Vogeler: Start nächste Woche'.

Langsam, aber sicher, schien sich etwas zu tun. Der Sonntag strahlte, trotz des trüben Wetters.

Eva war glücklich.

Muhre-Puspas

Am zweiten Mittwoch im Monat war Stammtisch. Immer ab 18.30 Uhr.

Schon seit vielen Jahren traf man sich im gemütlichen Traditionsgasthof der weit über die Stadt hinaus bekannten Brauerei. Wie immer an dem runden, blankgescheuerten Tisch, der - am Kopfende des großen Gastraums - in einer Erkernische stand. Mitten auf dem Tisch, und immer mit dabei, der uralte, dreieckige Wimpel, auf dem in kunstvollen Lettern *Muhre-Puspas* aufgestickt war. Der Name des Männer-Stammtischs wirkte auf den ersten Blick zwar etwas sperrig, klang aber wunderbar niederrheinisch und sorgte zuverlässig dafür, dass es nie zu Verwechselungen kommen konnte.

Wenn alle anwesend waren, saßen sechs gestandene Männer um den Tisch herum. Alle im Pensionsalter, alle zwischen siebzig und fünfundsiebzig, alle recht gut situiert, obwohl dies niemand zugegeben hätte.

Jakob, Ur-Krefelder und früher Leiter einer gutgehenden Bankfiliale, galt unter den Männern als ‚unser' Tausendsassa, als Mann mit den vielen Talenten, der zudem mit einer gehörigen Portion Charme und Humor zu punkten verstand.

Jakob war ein wunderbarer Kommunikator, genau wie Ferdinand, der über Jahrzehnte Miteigentümer eines angesehenen Reisebüros in der Innenstadt gewesen war. Ferdinand war in der Welt herumgekommen, hatte bis auf Australien alle Kontinente bereist und konnte darüber in herrlich lockerem Ton plaudern. Zu seinem Erzählrepertoire gehörten auch wunderbar schräge Stegreifgeschichten, die er plötzlich aus dem Ärmel schüttelte. Ohne Ferdinand hätte die Stammtischrunde sicher weniger zu lachen gehabt.

Die Brüder Peter und Joachim, bis vor drei Jahren gemeinsame Eigentümer einer Großhandlung für technische Produkte, gehörten eher zu den zurückhaltenden Menschen, waren gute Zuhörer und fühlten sich gerade deshalb im Stammtisch-Rede-Durcheinander immer pudelwohl. Beide liebten sie die Natur, wanderten gerne und kannten sich am linken Niederrhein aus wie kaum ein anderer.

Und schließlich gab es die beiden pensionierten Studienräte: Hartmut und Klaus. Beide Youngsters, wie ihre Stammtischbrüder es augenzwinkernd auszudrücken pflegten: Hartmut, Gymnasiallehrer für Deutsch und Geschichte, hatte erst vor fünfzehn Jahren den Weg zu *Muhre-Puspas* gefunden, der Berufsschullehrer Klaus war inzwischen seit neun Jahren mit dabei.

„Mit diesem Manko müssen wir halt leben", hatten beide immer wieder geseufzt und sich jedes Mal nur mit dem nächsten leckeren Bier trösten können. Ein Running Gag.

Für den ersten Stammtisch des Jahres 2000 hatte Jakob eine Nachricht in petto, die alle überraschen würde.

Aber er ließ sich Zeit, wartete bis alle ihre Schnitzel, Reibekuchen oder Bratwurst verspeist hatten, bis die ersten Gläser Alt und Pils getrunken waren. Erst dann rückte er allmählich mit der Sprache heraus.

„Habt ihr den Sprung ins neue Jahrtausend gut überstanden“, fragte er gutgelaunt und augenzwinkernd. „Da haben wir ja alle noch mal Glück gehabt, oder? Der Weltuntergang hat ja Gott sei Dank nicht stattgefunden. Keiner ist im vorausgesagten Millennium-Computer-Chaos ausgerutscht. Alles funktioniert noch. Flugzeuge sind nicht vom Himmel gefallen, Wasser kommt zuhause nach wie vor aus der Leitung. Sogar warm... und zum Duschen. Strom, Heizung... überhaupt keine Klagen. Was wollen wir mehr? Das neue Jahrtausend ist uns freundlich gesonnen. Von Anfang an. Wir können optimistisch nach vorne schauen.“

Alle klopften laut auf die Tischplatte und prosteten einander zu. Ach ja... die Welt war schön. Und auch im neuen Jahrtausend schmeckte das Bier hervorragend.

Jakob wartete bis sich alle wieder ein wenig beruhigt hatten, räusperte sich und sagte lauter als er es normalerweise tun würde:

„Liebe Stammtischbrüder, ich habe heute ein wunderbares kleines Extra mitgebracht. Vielleicht ist dieses Extra auch viel größer als ich es mir ausmalen kann. Es geht um eine Neuigkeiten, die ich selbst auch erst seit vorgestern kenne. Ihr werdet staunen."

Typisch Jakob, dachte Ferdinand und frotzelte: „Ach, mach es doch nicht allzu spannend. Wir sind alle ganz Ohr."

„Also: Letzte Woche Dienstag klingelte gegen Mittag mein Telefon. Eine - der Stimme nach - noch recht junge Frau erklärt mir, dass sie Doktorandin an der Universität Köln sei, dass sie sich mit dem Thema ‚Stammtischkultur am linken Niederrhein' beschäftige. Kurz: Sie würde gerne mit mir über dieses Thema sprechen, solche Interviews wären ein unerlässlicher Teil ihrer umfangreichen Recherchen. Vielleicht hätte sie ja auch einige interessante Informationen für mich und meine Stammtischbrüder. Es gäbe schon gute Gründe, warum sie ausgerechnet mit uns, dem Stammtisch *Muhre-Puspas* Kontakt aufnehmen würde. Ich merkte schnell: Irgendwie wollte sie mich ködern, aber irgendwie klang alles auch sehr spannend."

„Jakob, du bist wirklich ein Glückspilz. Alle klugen, jungen Frauen rufen immer nur bei dir an. Wie machst du das eigentlich?", flachste ausgerechnet Hartmut und hatte die Lacher auf seiner Seite.

„Jetzt hört doch erst einmal zu, wie es weiterging", Jakob hatte nicht vor, sich aus dem Konzept bringen lassen. „Also vorgestern, am Montag, stand die junge Doktorandin - wie verabredet pünktlich um 15 Uhr - vor meiner Haustüre. Ich habe dann ein höchst interessantes, mehr als einstündiges Gespräch mit ihr gehabt, ein Gespräch, das mich seitdem nicht mehr loslässt.

Die junge Frau erklärte mir, dass sie an sich noch am Anfang ihrer Recherchen stehe. Aber per Zufall sei sie auf einen versteckten Hinweis gestoßen, in dem von der Gründung eines Stammtischs, einer ‚Table Ronde' mit dem fast unaussprechlichen Namen *Muhre-Puspas* die Rede sei. Und zwar in Krefeld. Und dann... wurde es noch interessanter: Dieser Stammtisch könnte am 11. September 1804 gegründet worden sein, also genau an dem Tag, als Napoleon zu einem Kurzbesuch hier war, um die Huldigungen von Stadt und Bewohnern entgegen zu nehmen. Was sagt ihr nun?"

Für einen ganz kurzen Moment herrschte erstauntes Schweigen, dann war es tatsächlich Peter, der „sensationell, das ist ja unglaublich", rief, während alle anderen lautstark durcheinanderredeten und sich selbst irgendwie zu beglückwünschen schienen.

Es dauerte eine ganze Weile, bis sich die Runde wieder halbwegs beruhigt hatte. Zeit für Ferdinand, nochmals nachzufragen. „Mein lieber Jakob, wenn ich dein breites Grinsen richtig deute, hast du sogar noch weit mehr erfahren, oder?"

Jakob nickte und grinste dabei: „Du glaubst doch nicht, dass ich euch etwas vorenthalten würde. Ja, ich habe noch mehr zu berichten. Aber da gibt es einen dicken Wermutstropfen, denn hierbei handelt es sich Spekulationen und Vermutungen. Wie dem auch sei... unsere Doktorandin hält es für durchaus möglich, dass dieser erste Stammtisch, der Gründungsstammtisch, im Gasthof Korff in Königshof stattgefunden haben könnte. Und zwar - und das ist nicht unwichtig - kurz nachdem Napoleon und der Krefelder Bürgermeister von der Leyen dort zu Mittag gegessen hätten. Wohlgemerkt: Wir sprechen vom Jahr 1804."

„Das ist ja fast zweihundert Jahre her... die Franzosenzeit.... Mon Dieu. Und jetzt kommt - mir nichts dir nichts – selbst auch Napoleon noch mit ins Spiel. Habe ich das wirklich alles richtig verstanden?" Vor Freude schien Klaus völlig aus dem Häuschen zu sein.

„Bedeutet das nicht, dass die Geschichte unseres Stammtischs völlig neu geschrieben werden müsste. Alles, was wir jahrzehntelang für bare Münze genommen haben, ist vielleicht hinfällig geworden. Unser Stammtisch eine ‚Table Ronde' aus der Franzosenzeit... was für eine Story! Wäre Hartmut nicht genau der Richtige, um sich mit diesen Fragen zu beschäftigen? Als früherer Deutschlehrer wäre er doch die Idealbesetzung für solch ein anspruchsvolles Projekt. Vielleicht könnte die junge Doktorandin bei der einen oder anderen Recherche ja auch behilflich sein. Ich könnte mir vorstellen, dass Hartmut nichts dagegen hätte."

„Nun mal langsam“, Jakob hob beschwichtigend die Hände, „für gesicherte Erkenntnisse ist es einfach noch viel zu früh.

Trotzdem, und auch das möchte ich nicht unter den Tisch fallen lassen, hatte die überaus forsche Doktorandin noch ein, wie sie es ausdrückte, Gedankenspiel für uns: Unsere Ur-Stammtischbrüder seien ohne Zweifel schlaue Köpfe gewesen. Sie hätten schnell in Erfahrung gebracht, dass der Wirt vom Gasthof Korff seinen illustren Gästen gebratenes Huhn mit Möhreneintopf, eben mit Muhre-Puspas aufgetischt hätte, und dass vor allem dieser Muhre-Puspas Napoleon, dem damals mächtigsten Herrscher Europas, unglaublich gut geschmeckt hätte.

Und genau dies könnte die Grund gewesen sein, warum unsere Ur-Gründungsväter sich auf den Namen *Muhre-Puspas* für den neu gegründeten Stammtisch geeinigt hätten. Ein Name mit viel Lokalkolorit. Ein Name, den kein Franzose verstehen, geschweige denn aussprechen oder buchstabieren könne. Ein Name, so kompliziert, dass selbst die ausgebufftesten Spitzel, die sich überall in den Gasthäusern und Spelunken herumtrieben, um die Stimmung der Krefelder auszuloten, einen weiten Bogen um diese ‚Table Ronde‘ machen würden.“

„Dann hätten wir letztlich alles Napoleon zu verdanken“, schlussfolgerte Ferdinand und zog dabei die Stirn in Falten.

„Ja, wenn man so will, und wenn sich wirklich alles auch so oder so ähnlich abgespielt hat", Jakob machte eine nicht zu definierende Handbewegung.

Hartmut lächelte verschmitzt: „Seid ihr euch bewusst, was das alles bedeutet? Wir alle, wir haben doch immer etwas völlig anderes unter *Muhre-Puspas* verstanden: Wenn alle Stammtischbrüder wild durcheinanderreden, wenn in diesem lautstarken Mischmasch von Themen und Gesprächsfetzen ein Tischnachbar den anderen nicht mehr verstehen kann, dann war das für uns eben *Muhre-Puspas*: Ein Stimmgewirr, das heillose Durcheinander von Worten. Ja, so haben wir das doch immer gesehen.

Aber nun... erfahren wir durch Zufall, dass für unsere Gründungsväter der Name *Muhre-Puspas* wohl eine völlig andere Bedeutung hatte. Und dass Napoleon und sein Heißhunger auf eben diesen Möhreneintopf alles ins Rollen gebracht haben soll. Mein Vorschlag: Wir sollten den Wirt vom Brauereigasthof überreden, ab und zu ein leckeres Möhrengericht auf die Speisekarte zu setzten. Das sind wir unseren Gründungsvätern doch wohl schuldig, oder?"

„Liebe Freunde", man konnte Ferdinand ansehen, dass ihm irgendetwas zu missfallen schien, „ich bin ungern der Spielverderber. Aber ich habe einen ganz bösen Verdacht: Alles war und ist Fake, ein einziger Schwindel. Die junge Frau, die sich als Doktorandin an der Uni Köln ausgegeben hat, hatte von Anfang an nichts anderes im Sinn, als uns und unseren Alte-Männer-Stammtisch lächerlich zu machen.

Dabei ist sie äußerst schlau und geschickt vorgegangen. Verweist auf Recherchen, auf Dokumente, auf sonstiges Archivmaterial. Gleichzeitig spekuliert sie wie wild und zieht Schlüsse, die eine Doktorandin nie und nimmer ziehen würde. Und alles, wirklich alles dreht sich um unseren Stammtisch *Muhre-Puspas*. Das war ihr Köder. Versteht ihr, was ich sagen möchte? Auch Jakob hatte ja schon den einen oder anderen Zweifel, das habe ich ihm ansehen können, das hat er auch deutlich anklingen lassen.

Ich halte die junge Frau übrigens nicht nur für eine talentierte Schauspielerin, sondern auch für eine begnadete Geschichtenerzählerin. Lediglich am Schluss hat sie mich etwas enttäuscht: Es wäre doch eine kaum zu toppende Idee gewesen, wenn sie spekuliert hätte, dass einer der vermeintlichen Gründungsväter unseres vermeintlichen Ur-Stammtischs Napoleon selbst gewesen sei... Napoleon kurz vor seiner pompösen Kaiserkrönung in Paris. Aber diesen noch dickeren Lügen-Köder auszuwerfen, hat sie sich dann wohl doch nicht getraut."

Die Stammtischrunde lachte etwas gequält, aus Verlegenheit prostete man sich zu, allein Jakob schien überhaupt nicht überrascht.

„Ferdinand, gut, dass du versuchst, uns auf den Boden der Tatsachen zurückzuholen. Vielleicht war ich ja doch eine Spur zu gutgläubig. Aber im ersten Moment klang einfach alles so... logisch. Warum, und das scheint mir die entscheidende Frage, warum will man uns, einen Senioren-Stammtisch, so bloßstellen? Haben wir - bewusst oder unbewusst - irgendetwas falsch gemacht? Vielleicht geht es ja auch nur um eine besondere Wette, möglicherweise um eine Wette, bei der Geld im Spiel ist."

„Ich habe heute Abend etwas sehr interessantes beobachten können", Hartmut war von seinem Stuhl aufgestanden und zeigte mit seiner rechten Hand zum Gastraum hin. „Der Viderertisch dort drüben... die jungen Leute, die dort saßen, haben den ganzen Abend einen Heidenspaß gehabt. Nicht nur das: Die haben sich halb totgelacht. Und jetzt weiß ich auch über wen: Über uns... uns Deppen. Unser Stammtisch hat den ganzen Abend genau das Stück gespielt, von dem sie hofften, dass wir es spielen werden. Um es noch deutlicher zu machen: Ich bin mir ziemlich sicher, dass diese Vier es waren, die uns alles eingebrockt haben. Dass eine der beiden Frauen diejenige war, die sich als Doktorandin ausgegeben hat. Sie trug vielleicht eine ganz andere Perücke als bei ihrem Besuch bei Jakob.

Diese vier jungen Leute wussten genau, dass wir uns immer am zweiten Mittwoch im Monat um 18.30 Uhr treffen. Sie konnten sich leicht ausrechnen, dass Jakob gleich zu Beginn der Stammtischrunde vom Besuch der vermeintlichen Doktorandin berichten würde. Und zwar haarklein. Und sie konnten sich vorstellen, sie waren sich fast sicher, dass wir dann genauso reagieren würden, wie sie es sich ausgedacht hatten.

Diese Schlawiner saßen ganz in der Nähe von unserem Stammtisch, hatten diesen einen Tisch im Voraus reserviert, konnten alles sehen... haben den ganzen Abend nichts anderes getan, als uns zu belauschen, und sind dabei von einem Lachanfall in den anderen hineingerutscht. Komödienstadel. Für sie muss das ein irrsinniger Spaß gewesen sein. Ich könnte mir vorstellen, dass alles tatsächlich mit einer ziemlich schrägen Wette zusammenhängt.“

Es war spät geworden, jedenfalls später als sonst üblich. Die Männer prosteten sich noch einmal zu, dann machte sich jeder auf den Heimweg. Jakob nahm die Straßenbahn Richtung Uerdingen. Etwas holprig war der Start ins neue Jahrtausend für *Muhre-Puspas* ja schon gewesen, dachte er. Fast... aber nur fast... wären wir alle auf Glatteis ausgerutscht.

Die Wintermonate konnten verdammt tückisch sein.

Schmidt & Schmidt

Eigentlich war Oskar nur auf der Durchreise.

Die zwei Wochen Ferien im fast schon sommerlichen Zeeland hatten ihm richtig gutgetan. Anfang Juni waren ein Badeort wie Domburg oder die sehenswerten historischen Städtchen wie Veere, Middelburg oder Zierikzee noch nicht ganz so überlaufen. Alles schien irgendwie noch locker, leicht, ja gemütlich, obwohl die angesagten Restaurants und Strandcafés abends bereits frühzeitig ausgebucht waren.

Oskar hatte sich lange nicht mehr so befreit, so wohlgefühlt wie in Zeeland. Den kilometerlangen Strand entlangzuwandern, vor allem am frühen Morgen, um sich den Wind um die Nase wehen zu lassen. Dem ununterbrochenen Spektakel der Wellen zuzusehen, wie sie sich aufbauten, wie sie brachen, wie sie sanft auf den Strand rollten. So oft wie möglich war er mit dem Fahrrad unterwegs gewesen. Nicht immer mit einem konkreten Ziel. Er hatte sich einfach treiben lassen, hatte immer wieder Pausen eingelegt. An manchen Stellen boten die Deiche eine atemberaubende Rundumsicht... auf Meer, Strand und Dünen, auf Salzwiesen, auf Wälder und Seen. Wunderschön und beruhigend zugleich. Balsam für die Seele.

Allein die eigenartige E-Mail, die ihn gegen Ende der letzten Ferienwoche erreicht hatte, beschäftigte ihn mehr, als er sich selbst eingestehen wollte. Von Achim, seinem allerbesten Freund aus Schul- und Studienzeiten, hatte er seit langer Zeit nichts mehr gehört. Achim war irgendwie abgetaucht. Und jetzt diese E-Mail: ‚Hallo Oskar, du wunderst dich sicher, von mir zu hören. Aber ich bin gesundheitlich ziemlich angeschlagen, schaffe es nicht mehr zu reisen. Deshalb mein dringender Wunsch an dich, mich hier im Seniorenheim am Kaiserpark in Krefeld zu besuchen. Es geht um etwas äußerst Wichtiges, wichtig für dich, wichtig für mich. Komm so schnell wie möglich. Wer weiß?‘

Eine überaus rätselhafte Mail... aber vielleicht gerade deshalb hatte Oskar noch am gleichen Tag geantwortet: ‚Hallo Achim, dass du erkrankt bist, tut mir wirklich leid. Ich bin im Moment in den Niederlanden, fahre aber übermorgen zurück nach Bayern (wohne immer noch am Ammersee). Ich werde also am Mittwoch einen Zwischenstopp in Krefeld einlegen, dann können wir über alles in Ruhe reden. Spätestens gegen 14 Uhr werde ich bei dir aufkreuzen.‘

Bis auf den wohl kaum zu vermeidenden Stau vor Eindhoven war er ohne Probleme bis Krefeld durchgekommen. An der Abfahrt Gartenstadt verließ er die Autobahn, über die Nordtangente erreichte er in wenigen Minuten den Stadtwald. Dort parkte er sein Auto in der Nähe der Galopprennbahn und genoss den kleinen Spaziergang bis zu einem seiner Lieblingsorte von früher, dem Biergarten des Stadtwaldhauses... immer noch sehr populär... schon zur Mittagszeit waren erstaunlich viele Tische belegt.

Während er bei Bier und Currywurst seinen Blick über den Weiher bis hin zum Bootshaus und dem Deuss-Tempel schweifen ließ, musste er unwillkürlich an seine Zeit auf dem gar nicht weit von hier entfernten Gymnasium denken. Dass in der Sexta, aber auch noch später, manche Lehrer ihn und Achim für Brüder gehalten hatten. Achim Schmidt... Oskar Schmidt... exakt gleiche Nachnamen, gleiche Schreibweise. Aber dennoch... verwandt waren sie überhaupt nicht. Für manche an der Schule verwirrend, für manche einfach lästig. Der Klassenlehrer war dann auf die Idee gekommen, beide umzutaufen: Aus Achim wurde Schmidt1, aus Oskar eben Schmidt2. So sprach er die beiden an, so rief er sie auf, so lobte oder tadelte er sie.

Die ganze Klasse lachte und witzelte, aber nach kurzer Zeit hatten sich alle daran gewöhnt. Nur er selbst nicht. Warum wurde Achim ihm vorgezogen, fragte er sich. Er, der Sextaner Oskar, wollte unbedingt Schmidt1 sein. Als Schmidt2 fühlte er sich ungerecht behandelt, fühlte er sich als Verlierer, für den alle nur ein müdes Lächeln überhatten. Und Verlierer war das allerletzte, was er sein wollte. Schon damals.

Aber trotz alledem, dachte Oskar und blinzelte herüber zu den bunten Ruderbooten, die gemächlich ihre Runden auf dem Stadtwaldweiher zogen, er und Achim waren doch dicke Freunde geblieben. Nicht nur während der Zeit auf dem Gymnasium, auch später noch an der Uni in München. Beide hatten dort Betriebswirtschaftslehre studiert, oft die gleichen Vorlesungen und Seminare besucht, einmal sogar zusammen eine zeitaufwändige Präsentation vorbereitet, bei der es allerdings zu unschönen Reibereien und Rivalitäten gekommen war. Daran konnte er sich tatsächlich noch gut erinnern.

Aber dann, als sich die schöne Pia ihrer Studenten-WG anschloss, wurde ihre Freundschaft auf eine noch viel härtere Probe gestellt. Beide, Achim und er, hatten sich Hals über Kopf in Pia verliebt. Und Pia? Sie schien amüsiert, tat so, als ob sie von alledem nichts mitbekommen würde. Ja, sie ließ uns beide zappeln, einfach zappeln. Jedenfalls zunächst.

Pünktlich um kurz vor 14 Uhr parkte Oskar seinen dunkelblauen BMW auf dem Parkplatz der in freundlichem Hellgelb getünchten Kaiserpark-Senioren-Residenz.

„Herr Schmidt wartet schon auf sie“, sagte die freundliche Dame an der Rezeption und lächelte, „dort vorne in der Cafeteria... der Mann im Rollstuhl... er hat sie schon gesehen.“

Oskar drehte sich um und ging mit unsicheren Schritten auf seinen alten Freund zu, umarmte ihn irgendwie ungelenk und versuchte es mit einem optimistisch klingenden: „Wunderbar, dass wir uns endlich einmal wieder sehen.“

Achim nickte, versuchte zu lächeln, schaffte es aber nicht wirklich. Er sah müde aus und mutlos... das Gesicht hohlwangig und fahl mit dunklen Augenringen. Alles an ihm wirkte ungemein zerbrechlich.

„Hallo Oskar“, Achim machte den Versuch, sich etwas aufzurichten, „fahr mich doch bitte auf mein Zimmer. Bis zum Aufzug und dann in die erste Etage. Hier in der Cafeteria haben die Wände Ohren. Das, was wir zu besprechen haben, geht nur uns Zwei etwas an.“

Achims Zimmer war hell und sparsam möbliert. Durch das überraschend große Fenster am Kopfende des Raums blickte man auf eine gepflegte Rasenfläche mit Blumenrabatten und allerlei blühenden Sträuchern. Die perfekte, die heile Welt.

Achim hatte alles - so gut es ging - vorbereitet. Auf dem kleinen Tisch in Fensternähe standen Gläser und Tassen, zwei Flaschen Mineralwasser und eine Thermoskanne mit Kaffee. Eine Art Senioren-Kaffeekränzchen ohne Kuchen.

„Schmidt und Schmidt... jetzt sitzen wir also wieder zusammen und schauen uns in die Augen“, Oskar versuchte die verkrampfte Stimmung etwas aufzulockern, aber sein alter Kumpel winkte sofort ab.

„Oskar, keinen Smalltalk bitte. Und, damit wir uns richtig verstehen, ich will kein Mitleid. Bitte frag mich nicht, wie es mir gesundheitlich geht. Du hast ja Augen im Kopf... elendig geht es mir. Und gerade deshalb habe ich dich gebeten, so schnell wie möglich vorbeizukommen. Bevor es zu spät ist. Jetzt ist die letzte Möglichkeit, dir zu sagen, dass ich alles weiß. Immer schon alles gewusst habe.“

„Wovon redest du? Ich habe keine Ahnung, was du meinst“, Oskar machte eine wegwerfende Handbewegung.

„Du weißt ganz genau, von wem ich rede. Ich rede von Pia und dir. Ich rede davon, dass meine Frau Pia mich mit dir, meinem besten Freund, betrogen hat. Und das viele Jahre lang. Pia hat - wenn man so will - uns zwei gegeneinander ausgetauscht. Du warst plötzlich Schmidt1, der Gewinner. Und mich hat Pia locker und leicht zu Schmidt2, zum Verlierer, degradiert. War das nicht genau das, was du immer gewollt hattest. Dein Ego muss einen Luftsprung gemacht haben.“

„Achim, also... ja, das mit Pia und mir... das stimmt, das streite ich überhaupt nicht ab. Aber ich glaube, du siehst manches völlig falsch. Du bist viel zu verbissen.“

„Oskar, jetzt unterbrich mich bitte nicht. Ich bin - hier und heute - an der Reihe, und nicht du. Ich erzähle dir jetzt, was ich weiß. Verdammt schade, dass alles so gekommen ist.“

„Okay, Achim. Aber eine Frage musst du mir noch zugestehen. Eine Frage, die ich mir oft genug gestellt habe. Warum hat sich Pia damals, als wir drei in der Studenten-WG zusammenwohnten, eigentlich für dich entschieden? Ich glaube, selbst du warst überrascht.“

„Warum?“, zum ersten Mal lächelte Achim wirklich, „weil sie... gewürfelt hatte. Mit drei Würfeln... und dies fünf Mal.

Und wie der Zufall es wollte, war ich der Glückliche, der klare Sieger. Du hattest verloren, warst raus aus dem Spiel. So einfach war das.“

„Gewürfelt?“, Oskar schaute Achim ungläubig an, „was für ein Unsinn. Pia, die immer mitten im Leben stand... ich kann das einfach nicht glauben.“

„Ja, aber so war's. So und nicht anders. Und in den ersten Jahren waren Pia und ich ja auch wirklich ein tolles Paar. Wir haben uns geliebt, wir haben uns vertraut, haben geheiratet, uns wunderbar verstanden. Wir waren glücklich. Andere haben uns beneidet.

Pia machte dann unglaublich schnell Karriere, und dies bei einer überaus renommierten Unternehmensberatung in Düsseldorf. Und ich... ich hatte mein eigenes, kleines Unternehmen gegründet... wollte hoch hinaus... war zu ungeduldig... und machte Pleite. Dann versuchte ich es noch einmal... mit neuem Konzept und neuem Schwung... und geriet in einen hässlichen Bestechungsskandal... musste wieder Insolvenz anmelden. Ich war ein verdammter Idiot... habe vieles falsch gemacht.“

„Und deshalb hat Pia dich fallengelassen?“

Achim nickte. „Ja, so muss man das wohl nennen. Mit einem Versager wie mir, einem totalen Loser, könne sie nicht zusammenleben. Wir stritten fast jeden Tag. Üble

Beschimpfungen, hässliche Auseinandersetzungen ohne jede Versöhnung. ‚Mit einem Mann wie Oskar wäre ich sicher glücklicher geworden', wenn sie so etwas sagte, war ich völlig am Boden zerstört."

„Das hat sie tatsächlich so gesagt?"

„Ja, mehr als einmal. Und als sie vorschlug, dass wir drei uns zu einem Nostalgie-Wochenende in Baden-Baden treffen sollten, wusste ich, dass ich sie endgültig verlieren würde. Sie wollte dich. Dich hat sie schon immer bewundert, fast möchte ich sagen, sie hat dich angehimmelt. Du warst ja ständig in den Medien präsent: Als strahlender ‚Unternehmer des Jahres', in diversen Talkshows, in Zeitungsinterviews... was auch immer. Smart und eloquent. Dein Rat, deine Meinung waren überall gefragt. Und das besagte Wochenende in Baden-Baden hat dann alles ins Rollen gebracht. Ganz so wie Pia es sich vorgestellt hatte."

Einfach um sich abzulenken, schüttete sich Oskar eine weitere Tasse des viel zu dünnen Altenheim-Kaffees ein. Das Hin und Her des Gesprächs schien Achim sehr ermüdet zu haben, er sah völlig erschöpf aus. Aber er wollte unbedingt durchhalten, das Gespräch nicht abbrechen lassen.

„Und dann begannen sie eben: Pias Lügen, die schlecht kaschierten Ausflüchte, all ihre vermeintlichen Geschäftsreisen, Tage und Nächte, die ihr beide zusammen verbracht habt. Meist in Baden-Baden. Ich weiß alles. Im teuersten

Hotel der Stadt. ‚Ganz herzlich willkommen, Herr und Frau Schmidt'... und das stimmte ja sogar. Einmal bin ich euch sogar nachgefahren. Ein großer Fehler. Auf der Lichtentaler Allee wäre ich euch beinahe in die Arme gelaufen.

Aber dieses elende Versteckspiel war ja dann irgendwann zu Ende. Gott sei Dank. Pia entfernte sich immer mehr von mir, ging wie selbstverständlich mit dir in die Oper, zu anderen hochkarätigen Veranstaltungen, traf dich für ein langes Wochenende, verbrachte große Teile ihres Jahresurlaubs mit dir. Einmal hat sie mir sogar von deiner tollen Villa in der Nähe von Cannes vorgeschwärmt.

Und du? In all den Jahren hast du nicht ein einzige Mal versucht, Kontakt mit mir aufzunehmen. Keine Mail, kein Telefongespräch, nichts. Für den großen Oskar Schmidt... den Vollblut- und Vorbildunternehmer, den Medienstar... wäre das wahrscheinlich pure Zeitverschwendung gewesen, oder? Was bist du doch für ein feiger Kerl geworden. Vielleicht hattest du ja wirklich Angst, eine Mordsangst vor mir. An deiner Stelle würde ich vor Scham im Boden versinken."

„Aber so, wie du das erzählst, das stimmt doch überhaupt nicht. Ich bin doch zu Pias Beerdigung hier in Krefeld gewesen oder etwa nicht?"

„Na klar, lieber Oskar. Und wir beide, du und ich, sind auf gleicher Höhe direkt hinter dem Sarg marschiert. Pia hätte es sicher genauso gewollt. Hinter dem Sarg gemeinsam zu trauern, wenigstens das haben wir gut gemacht. Nach Pias tödlichem Autounfall gab es halt zwei Witwer, zwei Männer, die früher einmal dicke Freunde gewesen waren. Manche Trauergäste werden sich sicher gewundert haben."

Oskar stand auf, stellte sich ans Fenster, schaute minutenlang stur geradeaus in den gepflegten Park des Seniorenheims. Ohne sich zu bewegen, ohne etwas zu sagen. Vieles ging ihm durch den Kopf, ein Wirrwarr von Worten und Begriffen... Freundschaft, Rivalität, gewinnen, verlieren, Liebe und Begehren, enttäuschte Hoffnungen, Zufall, Glück. Was für eine komplizierte Gemengelage. Auf jeden Fall war er froh, dass er diesen Besuch hier im Altenheim gemacht hatte. Endlich hatte sein alter Freund ihm sagen können, was unbedingt gesagt werden musste.

Als Oskar sich umdrehte, sah er, dass Achim in seinem Rollstuhl fest eingeschlafen war.

Bevor er das Zimmer verließ, schaute Oskar sich kurz noch einmal um und entdeckte das gerahmte, recht großformatige Foto, das ihm bisher nicht aufgefallen war: Die junge Pia - übermütig, fast frech in die Kamera schauend - mit Blumen im Haar und grellem, orange-grünen Hippie-Outfit. Die selbstbewusste, die abenteuerlustige, die kluge Pia, die genau wusste, wie sie auf Männer wirkte. Was für ein tolles Bild, wahrscheinlich in einem Café in Uni-Nähe, vielleicht auch in Schwabing aufgenommen. Oskar musste unwillkürlich lächeln. Das muss ungefähr 1970 gewesen sein, schätzte er, zu dieser Zeit war Pia schon bei uns in der Wohngemeinschaft.

Er fuhr nach unten in die Eingangshalle, informierte die freundlich lächelnde Dame an der Rezeption. „Herr Schmidt bekommt fast nie Besuch", sagte sie, „einen alten Freund wiederzusehen, das muss etwas ganz Besonderes für ihn gewesen sein. Vielleicht richtet ihn das ja wieder etwas auf."

Oskar nickte ihr zu und ging mit schnellen Schritten zum Parkplatz.

Es war kurz nach 16 Uhr. Heute konnte und wollte er die 650 Kilometer bis zum Ammersee nicht mehr schaffen. Er plante - knapp auf halber Strecke - in Wiesbaden zu übernachten. Hier hatte sich Pia immer besonders wohl gefühlt, hier war eines ihrer Lieblingsrestaurants, hier waren sie immer in dem schicken Hotel mit Blick auf das wunderschöne Kurhaus abgestiegen.

Aber vorher würde er Pias Grab auf dem Bockumer Friedhof besuchen. Ihre Lieblingsblumen hatte er schon bestellt... das Geschäft des Floristen kannte er noch von früher.

Das Kartenhaus

Die weiße Jugendstilvilla mit der sofort ins Auge fallenden Jahreszahl 1895 über dem Eingangsportal hatte viel gesehen.

Einer der angesehensten Krefelder Seidenbarone, der sein Leben lang davon geträumt hatte, am linken Niederrhein möglichst ländlich zu leben, hatte sich für den Bau eines dann doch sehr repräsentativen Altersruhesitzes entschieden, etwas außerhalb der - wie er es ausdrückte - überaus reizvollen Kleinstadt Leursheim.

Und dieser Julius Dekker war ein rühriger Mensch: Er veranstaltete dort kleinere Abendempfänge, ja sogar Klavierkonzerte oder Liederabende... sorgte also dafür, dass ein bislang unbekannter Hauch gesellschaftlichen Lebens bis in die tiefsten Tiefen der niederrheinischen Provinz herüberwehte. Die stolze Villa strahlte, sonnte sich im eigenen Glanz.

Nach Dekkers Tod veränderte sich alles. Das von einem kleinen Park umgebene, prächtige Gebäude stand zunächst jahrelang leer, wurde dann mehr schlecht als recht in eine Internatsschule für Jungen umgemodelt, gegen Ende des zweiten Weltkriegs in ein Lazarett, danach in eine Unterkunft für Flüchtlinge und in den 1970-er Jahren, aber auch nur vorübergehend, in ein Schulungszentrum für die

Mitarbeiter eines weltbekannten Chemieunternehmens. Ein irres Wechselkarussell... die schöne Villa stöhnte und litt... mit jeder neuen Bestimmung, mit jedem neuen Mieter kamen weitere innere und äußere Blessuren hinzu. Ein einziges Trauerspiel!

Wie aus heiterem Himmel dann der medienwirksame, fast schon schrille Auftritt eines sich selbst überschätzenden Düsseldorfer Mode-Zars: Er kaufte die Villa, verkündete vollmundig, sie zum strahlenden Juwel des Niederrheins zu machen, zu einem internationalen Mode-Zentrum, investierte Unsummen Geld, verhob sich finanziell völlig und machte Pleite.

Und Gernot Büscher, der überaus agile Leursheimer Bürgermeister redete nicht, sondern handelte: Er nutzte die Gunst der Stunde und erwarb das nahezu vollständig restaurierte Gebäude zu einem Spottpreis, der selbst für die nicht gerade üppigen Kleinstadtfinanzen keine allzu große Belastung darstellte.

Aber dennoch türmten sich bald die Probleme.

Bürgermeister Büscher, der die Vermietung der Villa zur Chefsache erklärt hatte, musste nach mehreren kläglich gescheiterten Versuchen eingestehen, dass solch ein luxuriöses und zugleich teures Objekt in einer Kleinstadt wie Leursheim wohl nicht zu vermieten sei. Weder an privat noch geschäftlich. Die fehlenden Mieteinnahmen schmerzten, die

Stadt sah sich plötzlich gezwungen, noch mehr als ohnehin schon geplant zu sparen.

Die Diskussion über dieses unangenehme Thema war kaum verhallt, als wieder alles über den Haufen geworfen werden musste.

Ein Mieter war da. Plötzlich. Unerwartet. Ein offensichtlich solventes, junges Unternehmen, das von der Stadt Leursheim und der herrlichen Jugendstilvilla begeistert zu sein schien. Ein Unternehmen, das erst gar nicht versucht hatte, über den Mietpreis zu verhandeln, auch nicht über die Höhe der Nebenkosten. Ein Mieter, der von vorneherein mit allem einverstanden zu sein schien.

Bürgermeister Büscher atmete tief durch. Ein drückendes Problem weniger und gleichzeitig die lang vermisste Erfolgsmeldung: Die Ansiedlung eines vielversprechenden jungen Unternehmens hier in der Stadt... und nicht etwa in Krefeld, nicht in Mönchengladbach, nicht in Duisburg. Und sicher... warum eigentlich nicht?... würde irgendwann das eine oder andere Unternehmen diesem Beispiel folgen und neue Arbeitsplätze schaffen. Hier vor Ort.

Er, als Bürgermeister, würde jedenfalls alle Hebel in Bewegung setzen und für ein selbstbewussteres Auftreten der Stadt sorgen. Das würde überall gut ankommen. Vor allem bei den Bürgerinnen und Bürgern. Die nächsten Wahlen standen ja fast schon wieder vor der Tür.

Aber auch aus einem ganz anderen Grund war Büscher bestens gelaunt.

Endlich... nach mehr als einem Jahr intensiver Suche... hatte er einen neuen Büroleiter finden können: Tobias Meyer war 39 Jahre alt, perfekter Lebenslauf, Erfahrung im öffentlichen Dienst, sehr gute Referenzen. Der Büroleiter eines Bürgermeisters... das war eben eine echte Vertrauensstellung. Und Büscher war sich sicher, dass er genau den Richtigen gefunden hatte. Im Vorfeld hatte er sich mit Tobias Meyer schon zweimal ausführlich unterhalten... dieser Mann würde ein großer Gewinn für die Stadtverwaltung sein. Übermorgen würde er seinen Dienst antreten.

Schon drei Wochen später wurde der Mietvertrag für die Jugendstilvilla unterschrieben, genauer gesagt zwischen der PEG Consulting und der Stadt. Alles überaus medienwirksam inszeniert... neben den ‚Leursheimer Nachrichten' war sogar ein Vertreter einer renommierten überregionalen Zeitung erschienen.

Dr. Peter Gross, der ebenso gutaussehende wie eloquent auftretende Geschäftsführer von PEG, genoss es sichtlich, im Mittelpunkt zu stehen. Das Consulting-Unternehmen wäre zwar erst vor kurzem gegründet worden, erläuterte er, würde aber mit einem Team von sehr erfahrenen Mitarbeitern an den Start gehen.

„Ich zum Beispiel, kann auf langjährige internationale Erfahrungen im Consulting-Bereich zurückgreifen... habe in London, in Amsterdam bei renommierten Firmen gearbeitet. Wir beraten Unternehmen, wenn es um Strategie oder Organisation geht. Hierin liegt unsere Stärke, hiermit werden wir punkten können."

Mit Leichtigkeit, einem Schuss Arroganz, aber auch mit Überzeugungskraft stand dieser Dr. Gross Rede und Antwort und strahlte dabei mit sich selbst um die Wette.

„Ich möchte betonen, und ich bin auch dankbar dafür, dass unser Unternehmen hier in Leursheim so freundlich aufgenommen worden ist. Mit PEG hat diese Stadt ein modernes, fortschrittliches und weltoffenes Unternehmen in ihren Mauern. Auch möchte ich deutlich machen, dass wir es ernst damit meinen, die Leursheimer Vereine, das Altenheim oder die moderne KITA mit jährlichen Zuwendungen finanziell zu unterstützen."

Alle Umstehenden applaudierten, natürlich auch Tobias Meyer, der neue Büroleiter des Bürgermeisters, der sich ganz besonders zu freuen schien.

Überraschenderweise stellte der Chefredakteur der ‚Leursheimer Nachrichten' die vielleicht wichtigste Frage erst ganz zum Schluss:
„Warum, Herr Dr. Gross, haben sie sich überhaupt für Leursheim als Standort entschieden?"

Der Chef der PEG zögerte keine Sekunde:
„Natürlich haben wir lange gesucht. Wir haben es uns wahrlich nicht leicht gemacht. Um es kurz zu machen: Es war die exzellente Lage... das Ruhrgebiet, Düsseldorf, Köln aber auch niederländische Städte wie Eindhoven liegen quasi vor der Tür. Und damit sind wir hier mittendrin. Um uns herum gibt es eine unglaubliche Zahl und Vielfalt erstklassiger Unternehmen, der Mittelstand spielt dabei eine unglaublich wichtige Rolle. Aber letztlich... und das war die wunderbare Zugabe: Eine attraktivere Immobilie als diese herrliche Jugendstilvilla hätten wir nirgendwo finden können."

Bürgermeister Büscher nickte zustimmend, und die Erleichterung war ihm deutlich anzusehen. Hätte er geahnt, aus welchen Gründen Leursheim wirklich den Zuschlag erhalten hatte, wäre vieles völlig anders verlaufen.

***

Bei Joe Kraft, von allen respektvoll nur JK genannt, liefen alle Fäden zusammen. Was er sagte, wurde gemacht, wer bei ihm in Ungnade fiel, verlor über Nacht seinen Job.

In Joes Umfeld gab es seltsame Rituale: Mitarbeiter, die es schafften, in seinem Büro im 15. Stock eines gläsernen Bürohochhauses in bester Münchener Lage vorgelassen zu werden, hatten einen ganz wichtigen Karriereschritt getan. Mit dem Chef persönlich zu sprechen, kam einem Ritterschlag gleich. Wer dann noch das Glück hatte, und einen von

JK eigenhändig zubereiteten Espresso serviert bekam, zählte zu den Auserwählten. Und wer an einem klaren Tag von Joe aufgefordert wurde, durch das fest installierte Fernrohr einen Blick auf das vor ihm liegende, grandiose Alpenpanorama zu werfen, konnte sicher sein, künftig zu dem ganz kleinen, elitären Kreis zu gehören, der die Geschicke der Firma leitete.

Joe Kraft selbst hatte es nie leicht gehabt in seinem Leben: Schwieriges Elternhaus, er hatte nie eine Schule zu Ende gebracht, war allzu schnell in die Kleinkriminalität abgedriftet. Ein junger Mann ohne jede Ausbildung, der sich mit Gelegenheitsjobs über Wasser hielt... als Handlanger am Bau, als Arbeiter im Schlachthof, als jemand, der so dumm war, seinen Kopf für die unsauberen Geschäfte anderer hinzuhalten. Joe zahlte viel Lehrgeld.

Es folgten Jahre im Ausland... in Wettbüros, im Restaurantgeschäft, als Geschäftsführer einer Bar, die eigentlich ein mieses Bordell war. Aber eines hatte er inzwischen gelernt: Anderen zu sehr zu vertrauen, diesen entscheidenden Fehler machte er längst nicht mehr.

Und dann... war dieser Joe plötzlich ganz oben.

Wie es genau dazu gekommen war, wusste keiner so genau. Aber seit fast einem Jahrzehnt war Joe Kraft der ungekrönte König der Produktpiraterie. Er beschaffte in großem Stil topgefälschte Markenprodukte und verkaufte diese als preisreduzierte ‚Originale' weiter ... etwa Luxus-Uhren, Premium-Parfums oder Kosmetika, Design-Handtaschen, edles Reisegepäck, Luxus-Modeartikel, ausgefallene Accessoires und was auch immer gerade en vogue war. Dabei legte Joe großen Wert darauf, dass nicht nur das Produkt selbst, sondern auch die Verpackung dem Originalprodukt täuschend ähnlich sein musste. Seine chinesischen Lieferanten hatten sich voll darauf eingestellt, kannten seine hohen Ansprüche.

Ein illegales Geschäft... ohne Zweifel... aber ein Geschäft, das fantastisch hohe Renditen abwarf. Je höher das Risiko, desto höher die Rendite... dieser Leitsatz hatte Joe immer angespornt. Und bisher... toi, toi, toi... hatte ihm noch niemand etwas nachweisen können... selbst die eifrigsten Ermittler und Staatsanwälte nicht. Joe Kraft war es noch immer gelungen, seinen Kopf aus der Schlinge zu ziehen. Und so sollte es auch bleiben.

An diesem Mittwochmorgen klingelte um Punkt 11 Uhr sein Handy. Peter Gross war in der Leitung:

„Hallo Doktorchen", scherzte Joe und machte es sich in seinem opulenten Schreibtischsessel bequem, „was verschafft mir die Ehre? Alles okay bei euch am Niederrhein? Im schönen Leursheim?"

„Alles läuft perfekt, fast noch besser als erwartet. Der Mietvertrag ist unterschrieben, wir sind schon in unsere Traumvilla eingezogen. Joe, du solltest dir das hier wirklich einmal ansehen hier. Alles nur vom Feinsten, sogar ein kleiner Park schützt uns vor allzu neugierigen Blicken. Wir haben mehr als ausreichend Platz, können zwei Etagen als Lagerflächen nutzen. Kurz: Wir am Niederrhein sind startklar. Und... bevor ich es vergesse: Tobias Meyer, unser kleiner Spion, macht als Büroleiter des Bürgermeisters eine gute Figur, genießt schon jetzt Büschers Vertrauen. Damit sind wir erstklassig vernetzt. Über Meyers Tisch läuft nahezu alles, was wichtig ist in dieser Stadt. Natürlich weiß er auch, was die Polizei vorhat und was nicht."

„Doktorchen... jetzt werdet bloß nicht übermütig. Der erste Transport erreicht euch in genau vier Tagen. Kommt via Rotterdam... das liegt für euch doch quasi um die Ecke. Bitte mit äußerster Vorsicht entladen, es handelt sich um besonders hochwertige Produkte."

***

Die weiße Villa lag an einer Zufahrtsstraße etwa zwei Kilometer von der Leursheimer Altstadt entfernt. Praktisch in Alleinlage, wäre da nicht ein arg in die Jahre gekommenes, zweieinhalbgeschossiges Haus direkt gegenüber auf der anderen Straßenseite gewesen, in dem der 77-jährige ehemalige Streifenpolizist Johannes Werter wohnte.

Zu Recht oder zu Unrecht... der alte Mann galt als Nörgler, als Querulant, als jemand, der sich über alles und nichts beschwerte... über randalierende Jugendliche, über bellende

Hunde, über reparaturbedürftige Radwege oder über unzureichenden Winterdienst. Jedes Mal, wenn er sich bei der Stadtverwaltung telefonisch oder schriftlich meldete, verdrehten die Sachbearbeiter schon die Augen.

Seit einigen Wochen war Johannes wieder besonders aktiv. Aber dieses Mal waren es keine der üblichen Beschwerden: Er meldete sich direkt bei der Polizei und berichtete von verdächtigen nächtlichen Aktivitäten in der Villa. Nachts könnte er selten gut schlafen... deshalb hätte er dies vom Dachgeschoßfenster seines Hauses aus gut beobachten können. Die Toreinfahrt zur Villa befinde sich schließlich direkt gegenüber. Und er habe Lieferfahrzeuge an- und wieder abfahren gesehen. Immer in der Nacht von Samstag auf Sonntag, meist kurz nach Mitternacht. Meist Fahrzeuge mit gelben, niederländischen Kennzeichen.

Und die Leursheimer Polizei hatte auf der Zufahrtsstraße tatsächlich an zwei Wochenenden nachts kontrolliert: Kaum ein Fahrzeug war unterwegs gewesen, geschweige denn irgendein Lieferfahrzeug aus den Niederlanden... so wie Johannes Werter es beschrieben hatte. Was die Polizei nicht ahnen konnte: Tobias Meyer, der Spion im Umfeld des Bürgermeisters, hatte rechtzeitig vor dem Polizeieinsatz gewarnt. Die PEG hatte kurzfristig alle Lieferungen auf Stopp gesetzt und die Transporte aus den Niederlanden um einige Tage nach hinten verschoben.

***

Überraschend schnell dann der nächste Schritt.

Dr. Peter Gross und seine PEG Consulting hielten Wort und unterzeichneten einen überaus großzügigen Sponsorenvertrag mit dem FC Leursheim. Zum Leidwesen ihrer Fans waren die in blau-weißen Trikots spielenden Fußballer seit Jahren nicht aus der unteren Tabellenhälfte der Kreisliga-Niederrhein herausgekommen. Jetzt witterten alle Morgenluft. ‚Zeitenwende für den FC?' titelte die Lokalzeitung, setzte vorsorglich noch ein Fragezeichen dahinter, kommentierte aber dann doch: ‚Zum ersten Mal gibt es berechtigte Hoffnungen auf einen Aufstieg in die Bezirksliga'.

Mit einem üppigen Scheckbuch in der Hand - dabei immer lächelnd und auf Schritt und Tritt begleitet von den ‚Leursheimer Nachrichten' - beglückte Dr. Gross in den Wochen danach die KITA, das an den Stadtpark angrenzende, gerade runderneuerte Altenheim, sogar den überaus rührigen St.-Martins-Zugverein. Die Leursheimer rieben sich verwundert die Augen. Auch Bürgermeister Büscher strahlte, schließlich saßen ihm die mit Riesenschritten heranrückenden Kommunalwahlen im Nacken.

***

Das einzige wichtige gesellschaftliche Ereignis der Stadt war der jährlich stattfindende Goldene-Herbst-Ball, auf dem sich neben den Leursheimern, die es sich leisten konnten, die gesamte lokale Prominenz, Gäste vom gesamten linken

Niederrhein und sogar aus Venlo und Umgebung ein Stelldichein gaben.

Eine Veranstaltung, die finanziell oft auf wackeligen Füßen stand, bei der, wenn es wirklich ernst wurde, die örtliche Sparkasse letztlich aber immer den rettenden Fallschirm ausgeworfen hatte. Dieses Mal - und das war das Neue - gab es neben der Sparkasse noch einen zweiten Hauptsponsor: Dr. Peter Gross und seine PEG Consulting. Ein äußerst willkommener, größerer finanzieller Spielraum, um dem Goldenen-Herbst-Ball noch einen Hauch mehr Glitter und Glamour zu verpassen: Mehr Blumenschmuck, schickere Dekorationen, ein hochwertigeres Angebot von Speisen und Getränken, vor allem aber ein aus sieben Personen bestehendes Profi-Show-Orchester, das Großstadtflair in die niederrheinische Provinz bringen sollte.

Natürlich saß Peter Gross am Ehrentisch... zurückhaltend elegant gekleidet... genau zwischen Ute Büscher, der Frau des Bürgermeisters und langjährigen Leiterin der Stadtbibliothek und Maria Kleinert, der Chefin der örtlichen Sparkasse. Und dieser Dr. Gross lief schnell zur Hochform auf... kehrte seine guten Manieren heraus, spielte den weltgewandten Charmeur, den Frauenversteher, den belesenen Intellektuellen. Und dann... dann tanzte er. Fast ohne zu pausen tanzte er... lächelte alles weg... und entzückte die jungen, aber auch die nicht mehr ganz so jungen Damen, die er aufgefordert hatte.

Nur ein einziges Mal zeigte sich Dr. Peter Gross an diesem festlichen Abend ungehalten, ja fast unwirsch.

„Ich hätte da ein kleines Anliegen“, damit war Bürgermeister Büscher zu fortgeschrittener Stunde mit einem gewinnenden Lächeln auf ihn zugekommen. „Meine Tochter Karoline macht im nächsten Jahr Abitur und hätte Interesse an einem Praktikum in ihrer Firma. Das müsste doch eigentlich möglich sein oder? Karoline hat sich in den Kopf gesetzt, Betriebswirtschaftslehre zu studieren. Und vorher etwas Praxisluft zu schnuppern, wäre doch geradezu ideal. Oder sehen sie das anders?“

„Stopp“, hatte Dr. Gross sofort gerufen, „schlagen sie sich diese Idee aus dem Kopf. Wir bei PEG sind eine junge, aufstrebende Firma. Um Erfolg im Markt zu haben, müssen wir unsere Kräfte bündeln. Für Praktikanten haben wir einfach keine Zeit. Und noch viel wichtiger: In der Consulting-Sparte ist höchste Diskretion eine Selbstverständlichkeit. Was wir machen, für wen wir arbeiten... das ist allein unsere Sache... Praktikanten könnten das eine oder andere mitbekommen. Und wirtschaftlicher Selbstmord... das ist nun mal nicht unsere Sache. Für ihre Tochter, lieber Herr Bürgermeister, ist die PEG die völlig falsche Adresse. Ich bin sicher, sie verstehen das.“

Zu den prominenten Gästen des Goldenen-Herbst-Balls zählte auch Sebastian Horn, der erfahrene Leiter der Kreispolizei. Er hatte für sich einen Platz in unmittelbarer Nähe des Ehrentischs ausgesucht, von dem er Doktor Gross gut im Auge behalten konnte. Was ihn interessierte, war nicht dessen - wie er fand - peinlich selbstverliebter Auftritt am Tisch der Ehrengäste, es ging um etwas ganz anderes.

Die Leursheimer Polizei hatte inzwischen herausgefunden, dass dieser Peter Gross ein eher zwielichtiger Geschäftsmann war, der vor zwei Jahren wegen betrügerischem Bankrott schon einmal angeklagt worden war. Zudem schien der Mann wegen Steuerschulden unter erheblichem Druck zu stehen. Und auch mit seinem Doktortitel schien etwas nicht in Ordnung zu sein.

Der Herbstball war gerade dabei, richtig in Schwung zu kommen, als der Polizeichef gegen 22 Uhr beobachtete, wie Peter Gross von seinem Platz aufstand und sich langsam schlendernd Richtung Sektbar bewegte, an der Tobias Meyer, der Büroleiter des Bürgermeisters, mit einem Glas in der Hand schon auf ihn gewartet zu haben schien. Alles sollte zufällig aussehen... war es aber nicht. Für den Leiter der Kreispolizei stand schnell fest, dass sich die beiden Männer gut kannten. Wie vertraut sie miteinander umgingen, wie Gross auf seinen Gegenüber einredete und ihm gönnerhaft auf die Schulter klopfte, wie intensiv sie sich hinter vorgehaltener Hand unterhielten, wie verschwörerisch sie sich zuprosteten.

Sebastian Horn fühlte sich mehr als bestätigt. Was er bisher für möglich gehalten hatte, gewann nun klar an Kontur.

Johannes Werter, der ehemalige Streifenpolizist, hatte ihm wertvolle Hinweise gegeben.

Dieser Mann war alles andere als ein Spinner, er hatte das, was er beobachtet hatte, vor wenigen Tagen nochmals in aller Deutlichkeit vorgetragen und formuliert:

„Nach wie vor kommt einmal pro Woche ein Lieferfahrzeug bei PEG Consulting an... und zwar kurz nach Mitternacht am frühen Sonntagmorgen. Ich kann sehen, ja sogar hören, wie eine unglaublich große Menge offensichtlich schwerer Pakete ausgeladen und in die Villa hineingetragen werden. Interessant dabei: Alles geschieht unter der Aufsicht von Dr. Peter Gross, der immer mit dabei ist. Ein Geschäftsführer... nachts als Aufsichtsperson? Das macht doch nur Sinn, wenn es sich um äußerst wichtige Lieferungen und besonders wertvolles Frachtgut handelt.

Ich bin mir inzwischen sicher: Irgendetwas ist hier faul, sehr faul sogar: Warum wird ausgerechnet eine Consulting-Firma regelmäßig mit Bergen von großen Paketen beliefert? Seit Bestehen der PEG sind sämtliche Lieferungen immer in der Nacht von Samstag auf Sonntag erfolgt. Man konnte fast die Uhr danach stellen. Es gab lediglich zwei Ausnahmen, in denen nicht geliefert wurde: Das waren ausgerechnet die beiden Nächte, in denen die Leursheimer Polizei vor einigen Wochen auf der Zufahrtstraße penibel kontrolliert hatte. Wer da an Zufall glaubt, dem ist nicht mehr zu helfen.“

Der Goldene-Herbst-Ball hatte weiter Fahrt aufgenommen, schließlich ging es Richtung Mitternacht: Der Lärm- und Alkoholpegel hatte sich langsam hochgeschaukelt, die Profi-Show-Band heizte kräftig ein, im Saal und auf der Tanzfläche wurden die Lacher schriller und lauter. Die Stimmung hätte besser nicht sein können.

Der Leiter der Kreispolizei saß mitten in diesem ohrenbetäubenden, quirligen Ballgeschehen, hatte nach wie vor Peter Gross ständig im Blickfeld und schaute immer wieder ungeduldig auf sein Handy. Endlich... um 0.40 Uhr kam die Nachricht: ‚Fahrzeugkontrolle bei PEG erfolgreich. Beide Fahrer flüchtig. Ladung (erste Stichproben): große Mengen Luxusuhren, Designermode, Parfums, Kosmetika, Lederwaren etc. Nach erster Einschätzung: Ausschließlich Produktfälschungen. In der Villa selbst beträchtliche Lagerbestände‘.

Sebastian Horn lächelte: Volltreffer... endlich. Die von ihm erst spät am Abend angeordneten und dann sofort durchgeführten Kontrollen und Durchsuchungen während ganz Leursheim beim Goldenen-Herbst-Ball war... das schien eine wirklich gute Idee gewesen zu sein.

Beim Lesen der Handynachricht war Horn nur für einen kurzen Moment abgelenkt... aber... als er wieder aufschaute, war seine Zielperson verschwunden. Schien sich in Luft aufgelöst zu haben.

„Ja, das war schon merkwürdig“, meinte Bürgermeister Büscher und die anderen Gäste am Ehrentisch nickten zustimmend, „Dr. Gross ist ganz plötzlich von seinem Platz aufgesprungen... hektisch sah das aus... und ist sofort Richtung Ausgang gegangen... nein, er ist nicht gegangen... er ist gerannt... hat sogar noch einen Kellner angerempelt, der ihm mit einem voll beladenen Tablett in die Quere kam. Mindestens sechs oder sieben Sektgläser sind dabei zu Bruch gegangen.“

***

Zwei Monate später: Leursheim tat, was es tun konnte, um zur Normalität zurückzufinden.

In den letzten Wochen hatten Zeitungsreporter, Radio- und Fernsehleute und was für Medienvertreter auch immer für viel Unruhe in der sonst so beschaulichen Kleinstadt gesorgt. Gott sei Dank schien sich die erste Aufregung inzwischen gelegt zu haben, obwohl noch längst nicht alle Fragen zufriedenstellend beantwortet worden waren.

Warum, ja warum nur hatte man sich von einem eloquent auftretenden Doktor, der gar kein Doktor war, so blenden lassen? Waren denn alle blind oder total naiv gewesen? Warum, ja warum nur hatte die Stadt einen derart dubiosen Mann wie Tobias Meyer als Bürovorsteher des Bürgermeisters einstellen können? Und vor allem: Warum hatten Gross und Meyer fliehen können? Warum war es der Polizei immer noch nicht gelungen, sie aufzuspüren und dingfest zu machen?

Auch bei den Fußballern des FC Leursheim war der Alltag noch nicht wieder eingekehrt. Der kurze Traum von sprudelnden Sponsorengeldern und einem darauffolgenden locker-leichten Aufstieg in die Bezirksliga hatte den ganzen Klub arg durcheinandergewirbelt. Von einem auf den anderen Tag Mannschaft und Fans wieder auf den Boden der Kreisliga-Tatsachen zurückzuholen, war alles andere als eine leichte Aufgabe. Jede Menge Geduld und Fingerspitzengefühl waren gefragt.

In München saß Joe Kraft in seinem gläsernen Büro in der 15. Etage des eleganten Bürohochhauses. Er hatte - wie er es oft tat - die Füße auf den Schreibtisch gelegt, schaute aus dem Fenster auf das Alpenpanorama... und ärgerte sich... zumindest ein wenig.

PEG? Illegale Geschäfte? Das Drama in Leursheim? Joe zuckte mit den Schultern. Natürlich hatte er selbst nichts damit zu tun. Nicht im Entferntesten. Also.. hatte er auch nichts zu befürchten. Gar nichts. In München würde alles wie immer seinen Gang gehen. Ohne jede Störung. Aber dieser selbsternannte, sich selbst ständig überschätzende Doktor Gross hatte alles vermasselt, hatte viel Geld in den niederrheinischen Sand gesetzt.

Aber so war das halt im Geschäftsleben: Mal machte man Gewinne, manchmal eben auch Verluste. Die Kunst bestand allein darin, dass am Schluss und auf Dauer möglichst viel in der Kasse übrigblieb. Aber mit Dilettanten wie diesem arroganten Gross als Geschäftsführer würde so etwas natürlich nie gelingen.

Joe Kraft stand von seinem Schreibtischstuhl auf, ging zu der in einer Nische stehenden, sündhaft teuer aussehenden Kaffeemaschine, drückte auf zwei Knöpfe... und während der Cappuccino in die übergroße Tasse lief, kam ihm die Idee, das Geschäft im fernen Rheinland in Zukunft völlig anders zu organisieren.

Und er wusste auch schon genau wie.

Töne, die zu Farben werden

Alles hatte in Annas Antiquariat am Rathausplatz angefangen.

Hier waren Ludger Fährmann und Carlo Klein, der silberhaarige, emeritierte Professor für Germanistik, zum ersten Mal ins Gespräch gekommen. Natürlich über die wunderbare Welt der Bücher, über kunstvoll gestaltete Folianten, über die Verrücktheiten jahrzehntelanger Sammelleidenschaft, über die unbändige Freude beim plötzlichen Entdecken lang gesuchter Raritäten. Oder einfach auch nur über die Lust, in mit Büchern bis an die Decke vollgestopften Antiquariatsregalen zu stöbern und dabei das Zeitgefühl völlig zu verlieren.

Nach dem Tod seiner Ehefrau lebte Professor Klein recht zurückgezogen in seinem großzügigen, in der Nähe des Stadtwalds gelegenen Einfamilienhaus. Allein im Antiquariat am Rathausplatz schaute er fast täglich vorbei, immer überaus korrekt mit Anzug und Krawatte gekleidet, unterhielt sich charmant lächelnd mit Anna, setzte sich mit einem Buch in der Hand an den runden, hellgrün gestrichenen Metalltisch unweit der Ladentür, trank einen Kaffee nach dem anderen, immer schwarz und ohne Zucker und blieb meist stundenlang.

Es schien fast so, als ob das Antiquariat zu einem zweiten Zuhause für ihn geworden wäre. Und Anna hatte nichts dagegen, freute sich sogar und überraschte ihn hin und wieder mit Gebäck oder einem Stück Käsekuchen aus der gegenüberliegenden Konditorei. Für den emeritierten Professor der Germanistik zählten Antiquariate einfach zu den Wohlfühlorten. Und bei Anna galt dies umso mehr.

Wenn man so will, gehörte auch Ludger Fährmann zu Annas Stammkunden, er ließ sich allerdings nur gelegentlich sehen.

Als Experte für Prozessoptimierung war er für ein großes Chemieunternehmen in ganz Europa unterwegs, mit Zeit- und ständigem Erfolgsdruck als unangenehme Begleiter. Ludger fühlte sich manchmal ausgelaugt, wusste und bedauerte, dass er viel zu selten zuhause war, dass für andere wichtige Dinge kaum Zeit blieb. Auch seine Sammelleidenschaft für deutsche Literatur der 1920-er und 1930-er Jahre war zwischenzeitlich fast völlig in Vergessenheit geraten. Das hatten Franz Kafka, Stefan Zweig, Thomas Mann, Erich Kästner und all die anderen nun wirklich nicht verdient.

Aber jetzt war Urlaubszeit... zwei herrlich entspannende Wochen zuhause am Niederrhein lagen vor ihm... ohne einen Blick auf die Uhr... ohne enervierende Reiserei, ohne Kofferpacken, ohne Hotelaufenthalte. Zeit genug, Versäumtes nachzuholen. Ludger Fährmann beschloss, seine seit Jahren vernachlässigte Literatursammlung endlich wieder auf Vordermann zu bringen.

Annas Antiquariat wurde für ihn zu einer Art Urlaubsdomizil.

Fast jeden Tag kam er vorbei, ließ sich gern von Anna beraten, vertiefte sich in Bücher, die er noch nicht kannte, entdeckte eine wunderbar ausgestattete, frühe Ausgabe von Tucholskys ‚Schloss Gripsholm', sogar eine illustrierte Erstausgabe von Erich Kästners ‚Emil und die Detektive'. Ludger fühlte sich wohl, blühte auf, war glücklich wie lange nicht.

Auch deshalb, weil er sich jeden Tag angeregt mit dem ebenso feinsinnigen wie sympathischen Professor unterhalten konnte. Die beiden ungleichen Männer - der 54-jährige Ludger und der 73-jährige Carlo - freundeten sich an... überraschend schnell, ja unkompliziert... und diskutierten bald über weit mehr als nur Bücher, auch über Musik, über Kunst. Und es dauerte nicht allzu lang, bis auch private Dinge nicht ausgespart wurden.

***

Ein Jahr war vergangen, viel war geschehen.

Nach mehr als zwanzig Jahren hatte Anna ihr Antiquariat für immer geschlossen... eine Entscheidung, die ihr sehr schwergefallen war. Aber man konnte es drehen und wenden wie man wollte: Mit einem Laden-Antiquariat war einfach kein Geld mehr zu verdienen. Annas Geschäft hatte zuletzt tiefrote Zahlen geschrieben, und Besserung war überhaupt nicht in Sicht. Der Markt für antiquarische Bücher war in einen Teufelskreis von viel zu viel Angebot und viel zu wenig Nachfrage geraten. Die jüngere Kundschaft zeigte kaum

Interesse, ganze Sammelgebiete verödeten. Von dem Umsatz, der übrigblieb, hatten sich die Internet-Antiquariate den Großteil gesichert.

Auch für Ludger Fährmann hatte sich Entscheidendes geändert. Der Chemiekonzern, für den er fast sein ganzes Berufsleben gearbeitet hatte, hatte sich zu einem radikalen Stellenabbau entschlossen. Auch *sein* Job war ohne Vorankündigung wegrationalisiert worden.

Ludger verstand die Welt nicht mehr, sein Selbstwertgefühl geriet gehörig ins Trudeln. Aber statt tief gekränkt zu bleiben, entschloss er sich, die Firma so schnell wie möglich zu verlassen und die recht großzügige Abfindung einzukassieren. Finanziell war er damit einigermaßen abgesichert... aber... was nun? Ein Mann von Mitte Fünfzig, der völlig ungeplant seinen anspruchsvollen Job verliert... wie sollte ein solcher Mann in Zukunft sein Leben gestalten? Ludger war in hohem Maß verunsichert. Vielleicht hat Carlo ja eine gute Idee, dachte er. Ich werde mit ihm reden.

Nach der Schließung des Antiquariats hatte sich die beiden Männer zwar nicht aus den Augen verloren, aber zwischen zwei Treffen lagen manchmal mehrere Wochen. Meist besuchte Ludger den Professor in dessen in bester Lage am Stadtwald gelegenen Bauhaus-Villa. So auch dieses Mal. Aber dennoch war alles anders, denn als er klingelte, war es Anna, die die Tür öffnete und ihn freundlich anlächelte.

„Hallo Ludger, mich hier zu sehen... damit hast du wohl kaum gerechnet. Aber Carlo und ich... wir haben beschlossen... zusammenzuleben. Das hier ist jetzt auch mein Zuhause. Komm doch bitte herein."

Carlo begrüßte seinen Freund überschwänglich. Mit offenem Hemdkragen, leichtem Pullover und heller Hose sah er blendend aus. „Anna ist mein Rettungsengel. Und viel zu jung für mich ist sie auch noch. Eigentlich habe ich so viel Glück gar nicht verdient."

Anna strahlte. Sie hatte sich neben Carlo gestellt und ihre Hand vorsichtig auf seinen Unterarm gelegt... liebevoll ja, aber irgendwie auch ein Zeichen von Besitzerstolz.

„Ludger, die letzten Jahre waren nicht gerade leicht für mich. Vielleicht kannst du dir gar nicht vorstellen, was Trauer und Einsamkeit mit einem Menschen machen können? Nach dem Tod meiner Frau habe ich mich hier in diesem total überdimensionierten Haus eingeigelt. Habe versucht, die schreckliche, in allen Ecken lauernde Einsamkeit mit Arbeit, mit immer mehr Arbeit zu überlisten. Habe mein Buch über die deutsche Literatur während der Weimarer Republik fast in Rekordtempo zu Ende geschrieben.

Und habe mich selbst mit Träumen und Tagträumen zu betrügen versucht. Träume, die sich immer mehr mit der Realität zu vermischen begannen.

Hier an diesem Tisch, an dem wir jetzt sitzen, habe ich mich mit berühmten Literaten getroffen. In meinem Kopf war ich der Gastgeber eines angesehenen literarischen Salons, der alle zwei oder drei Wochen stattfand. Der eitle und schwierige Thomas Mann war manchmal dabei, auch sein Bruder Heinrich, Lion Feuchtwanger, den viele vergessen zu haben scheinen, Tucholsky mit seiner scharfen Gesellschaftskritik, der überaus konfliktscheue Stefan Zweig. Auch der von dir so geschätzte Erich Kästner. Eine wunderbare Mischung. Gute, intelligente Diskussionen, mal hitzig, mal locker-leicht, das eine oder andere Glas Rotwein wurde dabei getrunken. Und ich scheinbar mittendrin. Das Fatale: Ich wusste am Ende nicht mehr, was Traum war, was Realität. Für mich verschwammen die Konturen, alles schien irgendwie ineinander zu laufen. Anders kann ich es einfach nicht beschreiben.

Aber dies liegt jetzt alles hinter mir. Ein Neuanfang. Dank Anna. Plötzlich... fühle ich mich wieder lebendig. Ich war nahe daran, den Fehler meines Lebens zu machen: Dem Niederrhein den Rücken zu kehren und wieder zurück nach München zu ziehen. Hätte ich dies gemacht, wäre alles völlig anders verlaufen. Anna wäre irgendwo, aber sicher nicht hier bei mir... so wie heute Abend."

„Carlo und ich waren in der vorletzten Woche für ein paar Tage in Amsterdam. Das hat uns beiden richtig gutgetan." Anna schaffte es mühelos, das Gespräch in die von ihr gewünschte Richtung zu lenken.

„Ludger, vielleicht habe ich dir das nie erzählt, aber ich kenne Amsterdam wie meine Westentasche, habe dort sieben Jahre gelebt und gearbeitet. Meine niederländischen Freunde haben Carlo mit offenen Armen aufgenommen. Auch das hat gutgetan. Und... wir waren bei einem wunderbaren Liederabend im weltberühmten Concertgebouw... mit seiner hochgelobten Akustik... und am nächsten Abend in der Oper... Beethovens Fidelio. Auch sehr zu empfehlen.

In Amsterdam ist uns eine Idee gekommen... und wir hoffen, dass du mitspielst. Ludger, hättest du vielleicht Lust, in den nächsten Wochen und Monaten zusammen mit Carlo und mir das eine oder andere Konzert hier in der Nähe zu besuchen? Krefeld, Mönchengladbach, Duisburg, Düsseldorf... Auswahl ist ja reichlich vorhanden... und alles ist nur einen Katzensprung entfernt. Wir würden uns jedenfalls sehr freuen.“

„Konzerte? Ja, natürlich gerne. Ich bin bekennender Klassikfan, aber das wisst ihr ja ohnehin schon lange. Genauer gesagt... ich habe ein Faible für Kammerkonzerte... Quartett oder Quintett... auch für Klavierkonzerte. Ich freue mich über euren Vorschlag, mache auch gerne mit, muss euch allerdings vorwarnen.“

„Vorwarnen? Was meinst du damit?“, Anna schaute Ludger etwas ratlos an.

„Na ja, ich hoffe, dass ich euch bei solch einem Konzertabend nicht auf die Nerven gehe. Ich gehöre zu den Menschen - wie soll ich es ausdrücken - mit gekoppelter Wahrnehmung: Ich höre Musik wie jeder andere, vielleicht sogar noch eine Kleinigkeit emotionaler. Durch Musik, auch durch einzelne Töne, wird bei mir dann automatisch noch eine ganz andere Sinneswahrnehmung ausgelöst. Musik geht bei mir einher mit Farbe. Ja... so merkwürdig es klingen mag... ich höre tatsächlich farbig. Ein Akkord kann blau sein, ein bestimmter Klavierton rot oder etwa hellgrün. Klingt verrückt? Aber für mich wird das Gehörte tatsächlich zu einem Farberlebnis. Und das schließt ganze Farbkombinationen mit ein. Das kann so weit gehen, dass Musik und Töne für mich zu einem bunten Gemälde werden."

„Davon habe ich ja noch nie gehört", Anna schaute etwas hilfesuchend Carlo an, der sich in der Tat sogar gut auszukennen schien und fast schon dozierend erklärte:

„Ludger, dieses Vermischen von Sinneswahrnehmungen nennt man Synästhesie, sicher nichts neues für dich. Ich habe mich deshalb damit beschäftigt, weil meine jüngere Schwester ähnliche Erfahrungen gemacht hat. Auch für sie war Musik sichtbar. Ich frage mich nur: Warum solltest du Anna und mich bei gemeinsamen Konzertbesuchen stören? Das ist doch völlig abwegig. Synästhetiker wie du haben nun einmal viel empfindlichere Antennen, das würde ich als Bereicherung des Lebens ansehen, du erlebst die Welt also viel bunter. Wahrscheinlich können Anna und ich sogar davon profitieren. Ein Konzertabend ist möglicherweise eine ideale Gelegenheit. Und spannend zugleich. Übrigens: Fachleute schätzen, dass bis zu vier Prozent der Menschen diese besonderen Fähigkeiten besitzen. Sogar Goethe soll Synästhetiker gewesen sein. Du sitzt also mit ziemlich berühmten Leuten in einem Boot."

„Dann gerne... ziehen wir unser Projekt ‚Konzertbesuch' also durch. Ich freue mich", Ludger strahlte, prostete seinen Gastgebern zu, konnte sich einen Seitenhieb auf seinen Jobverlust dann aber doch nicht verkneifen:

„Ich habe mir alles noch einmal gründlich durch den Kopf gehen lassen. Ist es nicht schon fast verrückt, dass man mich, dessen Aufgabe es war, die Abläufe im Unternehmen zu optimieren, über Nacht weg-optimiert hat? Wahrscheinlich sitzt jetzt an meinem Schreibtisch kein menschliches Wesen mehr, da steht nur noch ein einsamer Laptop... über und über gefüttert mit künstlicher Intelligenz. Und diese KI hat alles im Griff, ist unendlich pflegeleicht, hat nie Einwände, wird nie krank, braucht kein Gehalt, keinen Jahresurlaub. Künstliche Intelligenz als unkapputbarer Möglichmacher... paradiesische Zustände für Unternehmen, letztlich wohl auch für Aktionäre.

Übrigens... und jetzt mache ich einen kleinen Gedankensprung: Lisa, meine Frau, die mich vor drei Jahren verlassen hat, mit der ich aber immer noch verheiratet bin, müsste von nun an lauter Freudensprünge machen. ‚Du kennst nur deinen Job. Du weißt doch gar nicht mehr, dass du verheiratet bist,' hatte sie mir vorgeworfen. Jetzt bin ich immer zuhause, jetzt habe ich Zeit, jetzt könnten wir vieles nachholen. Lisa ist damals ins Allgäu nahe Füssen gezogen, ich sehe sie an sich nie, wir telefonieren allenfalls zu den Geburtstagen und meine E-Mails liest sie ohnehin nicht. Sie weiß sogar nichts davon, dass ich inzwischen ohne Job bin."

Anna und Carlo waren wirklich mehr als überrascht. Ihr guter Freund Ludger hatte noch nie erwähnt, dass er verheiratet war, hatte den Namen Lisa nicht ein einziges Mal genannt. Und warum er dieses Geheimnis gerade jetzt gelüftet hatte, darauf konnten sie sich auch keinen Reim machen.

***

Weitere zwei Jahre waren vergangen. Wieder war viel passiert. Einiges war erstaunlich stabil geblieben, einiges schien irgendwo in der Schwebe hängengeblieben zu sein.

Carlo und Anna wohnten nach wie vor zusammen, pflegten alte Freundschaften, waren viel auf Reisen, liebten vor allem die Bretagne und die französische Atlantikküste.

Inzwischen arbeitete Anna für einen mittelgroßen Verlag, übersetzte niederländische Gegenwartsliteratur ins Deutsche und war glücklich damit. Was sie an ihrer Arbeit besonders schätzte: Sie lernte die Autorinnen oder Autoren, die sie übersetzte, immer persönlich kennen, begleitete sie zu

Lesereisen oder Lese-Festivals in ganz Deutschland, nicht zuletzt auch am linken Niederrhein.

Carlo steckte mitten in der Arbeit für ein - wie er sich ausdrückte - völlig neuartiges Literaturkompendium und tat sehr geheimnisvoll. Ansonsten traf er sich oft mit Ludger, der immer noch mit sich und der Welt haderte.

Beruflich hatte Ludger recht schnell wieder Fuß fassen können. Er arbeitete für eine Düsseldorfer Unternehmensberatung und begleitete junge Start-Up-Unternehmen aus den verschiedensten Branchen. „Ein ganz wunderbarer Job“, wie er Carlo verriet, „ich habe es mit ehrgeizigen, jungen Leuten zu tun, voller toller Ideen. Aber leider haben diese Leute meist keinen blassen Schimmer von realistischer Finanzplanung und auch nicht davon, wie sie ihre Ideen in Produkte oder Dienstleistungen umsetzen können, wie man alles organisiert und wie man optimiert.“

Was sein Privatleben betraf, gab es zwar kleine Fortschritte, aber bis zum echten Neuanfang hatte es noch nicht gereicht.

Ludger hatte seinen Kontakt zu Lisa endlich wieder aufgenommen, hatte zu seiner großen Erleichterung herausgefunden, dass kein anderer Mann im Spiel war, hatte sich richtig ins Zeug gelegt, war inzwischen viele Male im Allgäu gewesen. Und letzte Woche hatte er Lisa gefragt, ob sie in diesem Jahr nicht einmal wieder zusammen in Urlaub fahren könnten. Vielleicht in die Toskana, vielleicht nach Sizilien, vielleicht ja auch irgendwo ganz anders hin.

Lisa hatte gelächelt, schien sich tatsächlich auch gefreut zu haben, hatte sich aber Bedenkzeit erbeten. Sie würde anrufen. Ganz bestimmt würde sie anrufen. Morgen oder übermorgen.

Jenseits des Atlantiks

Ja, es waren schwere Zeiten.

Der erste Weltkrieg spukte noch immer in den Köpfen der Leute herum. Auch das totale Chaos nach Kriegsende, Armut und Hunger, die zerstörerische Hyperinflation, angsteinflößende Arbeitslosigkeit, die Besetzung von Rheinland und Ruhrgebiet durch französische und belgische Truppen. Wer konnte, ja wer wollte da noch optimistisch in die Zukunft schauen.

Doch auch dieses Mal war die Hoffnung nicht ganz ausgestorben... die Hoffnung auf ein kleines Wunder, auf einen plötzlich aus dem Nebel auftauchenden Heilsbringer, vielleicht auch nur einen Mutmacher, dem man vertrauen könnte.

Der 11. September 1929 war ein angenehm warmer, spätsommerlicher Mittwoch und der Linienflug von Köln nach Krefeld überpünktlich: Kurz vor 15 Uhr landete die Junkers F13 mit zwei Passagieren an Bord auf dem beschaulichen Flugplatz in Bockum: Als er aus der Maschine ausstieg, winkte William D. Wood - der Mann, auf den sie alle gewartet hatten - dem kleinen städtischen Empfangskomitee freundlich zu. Und als dieser Gast aus Amerika die Zeitungsreporter bemerkte, winkte er nicht nur, er strahlte. Und überraschte alle mit seinem fast fehlerfreien Deutsch...

vielleicht nur mit einem ganz, ganz kleinen amerikanischen Tonfall.

Scheint ja ein umgänglicher Mensch zu sein, dachten die drei Vertreter der Stadt und reckten ihre Hälse, als sie die junge, attraktive Frau bemerkten, die Wood als ‚Dorothy, meine Ehefrau' vorstellte. Was für eine schöne, was für eine modebewusste Frau... blond, Kurzhaarfrisur, hellbeiges Kleid mit tiefer Taille... wie aus einem Hochglanzmagazin. Die vor der Junkers F13 aufgeregt hin- und herlaufenden Presse-Fotografen waren begeistert, zückten ihre Apparate, drückten immer wieder auf den Auslöser... und schossen Fotos, wie man sie in Krefeld nicht alle Tage machen konnte.

Vor dem fast wolkenlosen Himmel flatterten die extra für den Besuch aufgestellten Fahnen träge im Wind, in der Mitte, an einem besonders hohen Flaggenmast, leuchtete stolz das rot-weiß-blaue amerikanische Sternenbanner. Nach den herzlich gemeinten, aber doch wenig schwungvollen Begrüßungsworten seitens der Stadt antwortete William Wood wie nebenbei und unglaublich lässig: „Fantastischer Flug, wunderbare Begrüßung, sympathische Leute hier... ich bin mir sicher: Wir schaffen einen Deal!"

Spätestens bei dem Stichwort ‚Deal' waren die Vertreter der Lokalpresse hellwach:

„Mr. Wood, können sie uns und unseren Lesern verraten, warum sie überhaupt in die Samt- und Seidenstadt gekommen sind? Muss eine weite, beschwerliche Reise für sie und ihre Frau gewesen sein.“

„Also, ich kann hier keine Geheimnisse verraten“, William grinste, „deshalb nur so viel: Sowohl meine Frau als auch ich haben deutsche Vorfahren, die aus dieser Region hier stammen. Deutsch ist nach wie vor so etwas wie unsere zweite Muttersprache. Ich wollte immer schon einmal an den landschaftlich schönen Niederrhein. Auch deshalb, weil im Jahr 1683 einige wagemutige Krefelder Familien von hier aus nach Amerika, in die ‚neue Welt‘, aufgebrochen sind. Geschichte ist faszinierend, historische Orte ziehen mich einfach an.“

Natürlich ließ der Reporter des Tagesanzeigers nicht locker: „Aber als Tourist sind sie ja wohl nicht in unsere schöne Stadt gekommen. Sie haben eben das Wort ‚Deal‘ gekannt. Klingt interessant, klingt eindeutig nach handfesten geschäftlichen Interessen.“

„Meine Herren, dazu... hier und jetzt... kein Kommentar. Warten sie es ab. Wenn alles so läuft, wie ich es mir vorstelle, könnte es gute Nachrichten geben. Sehr gute sogar. Und allzu lang werden sie vermutlich gar nicht warten müssen.“

Die Stadt hatte für ihre illustren amerikanischen Gäste eine Suite im eleganten *Krefelder Hof* reservieren lassen, einem veritablen Grandhotel mit Portikus geschmückter Fassade mitten in der Innenstadt. Top-Restaurant, luxuriöse Zimmer, großzügige Festsäle... alles strahlte großstädtisches Flair aus, gekrönt von erstklassigem Service und einer unübertroffenen Freundlichkeit des Personals. William und Dorothy waren begeistert, prosteten sich in der im englischen Stil eingerichteten Bar mit Unmengen von herrlich prickelndem Champagner zu, dinierten schon am ersten Abend fürstlich und gaben gigantische Trinkgelder.

Am nächsten Morgen ließ William die drei Vertreter der Stadt, mit denen er sich für 10 Uhr in einem der holzgetäfelten Konferenzräume des *Krefelder Hofs* verabredet hatte, für mehr als eine halbe Stunde warten. Er hatte sich einfach verschlafen, lachte nonchalant, als er endlich erschien und ergriff sofort das Wort: „Meine Herren, ich bin ein Freund straffer Verhandlungsführung. Ich hoffe, sie haben keine Probleme damit.

Und... um auch dies von vorneherein deutlich zu machen: Ich bin es, der am Drücker ist, ich gebe die Richtung vor, ohne mich läuft hier gar nichts. Also, stellen sie sich bitte darauf ein."

Die Vertreter der Stadt schauten scheinbar ungerührt auf die vor ihnen liegenden, vorbereiteten Unterlagen. In Wirklichkeit waren alle geschockt und wütend. Noch nie war eine Verhandlung, bei der sie anwesend waren, mit derart anmaßenden Worten eröffnet worden. Ungehobelte Leute, diese

Amerikaner. Überhaupt keine Manieren. Was für eine rücksichtslose Ellenbogenmentalität.

William schaute selbstbewusst in die kleine Runde:

„Also aufgepasst: Ich werde hier in Krefeld ein völlig neues Unternehmen gründen, das ich sehr großzügig mit Kapital ausstatte. Diese *Wood Germany* wird einen hohen Millionen-Dollar-Betrag investieren. Ein frischer Wind wird wehen, lassen sie sich überraschen. Neben dem zwei- oder dreistöckigen Verwaltungsgebäude werden große, hochmodern ausgestattete Werkshallen entstehen, in denen bis zu tausend Menschen gutbezahlte Jobs finden werden. Die Stadt Krefeld wird in vielfacher Hinsicht profitieren. Weniger Arbeitslose, mehr Kaufkraft, höhere Steuereinnahmen... Optimismus und Aufbruchstimmung werden endlich wieder eine Chance haben. Das wird... großartig.

Eine wichtige Voraussetzung gibt es aber schon: Die neue Firma *Wood Germany* findet hier ein ausreichend großes und auch für den Güterverkehr gut erreichbares Grundstück, und kann dies zum Nulltarif erwerben. Ja, zum Nulltarif, dies ist nicht verhandelbar. Sollte dies nicht möglich sein, werde ich umgehend die Verhandlungen abbrechen und mich für eine andere Stadt entscheiden. Die Interessenten stehen bereits Schlange. Entlang der Rheinschiene gibt es kaum eine Stadt, die sich nicht beworben hat."

Bei den letzten Sätzen zuckten die Vertreter der Stadt sichtlich zusammen. Zudem war noch immer unklar, was diese neue Firma eigentlich produzieren würde.

William Wood richtete sich auf, schaute in die Runde, lächelte siegessicher:

„Welche Branche? Ja, das habe ich in der Tat noch nicht verraten. Für mich kommt einzig und allein die Automobilbranche in Betracht. Den Kraftfahrzeugen gehört die Zukunft. Ein Milliardengeschäft. Davon bin ich felsenfest überzeugt. In den USA sind wir schon viel, viel weiter als hier in Europa. Und Deutschland hinkt bei der Motorisierung besonders stark hinterher. Gerade deshalb sind hier die Chancen auch noch größer als anderswo. Es ist sicher kein Zufall, dass der amerikanische Autokonzern General Motors die Opel-Werke in Rüsselsheim übernommen hat. Und zwar gerade erst... im März diesen Jahres.

Unser Werk in Krefeld wird selbst keine fertigen Autos herstellen, nein, davon ist nicht die Rede Wir werden Automobilzulieferer, spezialisieren uns also auf Teile, die in einem Auto verbaut werden. Das Geschäft wird boomen... vor allem, weil die Fließbandproduktion inzwischen ja auch in Europa angekommen ist.“

Während ihr Mann William mit den Vertreter der Stadt Krefeld verhandelte, schlenderte Dorothy durch die geschäftige Innenstadt und wunderte sich: Die Leute - und es schien halb

Krefeld zu sein - grüßten freundlich, schienen sie zu kennen, nickten ihr zu, schauten ihr nach.

Was sie nicht wissen konnte: Die Lokalzeitungen hatten in ihren Morgenausgaben auf Doppelseiten über die Ankunft von William D. Wood und seiner charmanten Ehefrau am Bockumer Flughafen berichtet. Dabei war Dorothy - mit strahlendem Lächeln - auf drei oder vier recht großen Fotos abgebildet. An dem heutigen Morgen war sie also Stadtgespräch... diese eleganten, junge Frau, die mit dem - wie man munkelte - milliardenschweren Unternehmer aus New York verheiratet war. Ein echtes amerikanisches Traumpaar.

Fast mondän sah Dorothy aus, als sie durch die wie immer belebte Rheinstraße bummelte, in die Hochstraße abbog und sich trotz Droschken- und Straßenbahnverkehr wohlzufühlen schien. Sie ließ sich treiben, schaute sich in aller Ruhe die Auslagen in den Schaufenstern an, vor allem die der Modegeschäfte. Und hiervon gab es in Krefeld erstaunlich viele. Seit sie vor gut zwei Jahren eine Boutique auf der Madison Avenue mitten in Manhattan eröffnet hatte, war Dorothy immer auf der Suche nach neuen Ideen. Und wenn es auch nur die kleinste Kleinigkeit war.

Als sie sich dem Neumarkt näherte, sah sie, wie sich auf dem Platz ungefähr zwanzig junge Männer in braunen Uniformhemden versammelt hatten. Sie reckten straff und wild entschlossen ihre rechten Arme in die Höhe, schwenkten stolz rote Fahnen, in deren Mitte sich ein großer weißer Kreis mit eigenartigen schwarzen Hakensymbolen befand. Einige der Männer hielten Transparente hoch, andere skandierten lautstark Forderungen, die sie nicht verstehen konnte.

So sieht doch keine normale politische Versammlung aus, dachte Dorothy. Aber es schien wohl doch so zu sein. Trotz des eigenwillig aggressiven, fast schon martialischen Auftretens dieser Braunhemden waren immer mehr Leute stehengeblieben und schauten mit Interesse zu. Einige klatschten sogar Beifall. Was für ein merkwürdiges, verbissenes Spektakel, dachte Dorothy. Was will man nur mit derartigen Auftritten erreichen? Für einen Moment bedauerte sie, dass sie sich so wenig mit Politik beschäftigte.

Die junge Amerikanerin drängelte sich an den Zuschauern vorbei und beeilte sich, vom Neumarkt wegzukommen.

Ihr Ziel war das gerade komplett renovierte *Café Cornelius*, das ihr der freundliche Concierge des *Krefelder Hofs* empfohlen hatte. Das geschmackvolle Interieur, die stilvollen kleinen Kaffeehaustische, die sofort ins Auge fallende gläserne Kuchentheke, die geschickt platzierten Kronleuchter... jedes Detail sah wunderbar einladend aus. Und Dorothy hatte Glück: Sie bekam einen der besten Plätze, direkt am großen Fenster, mit Blick auf die Ostwall-Grünanlagen mit den Blumenrabatten und dem lebhaften Springbrunnen. Sie bestellte ein Kännchen Kaffee und war sicher, einen besseren Marzipankuchen als diesen hier noch nie in ihrem Leben gegessen zu haben.

Im *Café Cornelius* ging eine besondere Klientel ein und aus. Dorothy brauchte nur die Augen aufzuhalten und zuzuhören. Da waren die Reporter und Redakteure der Lokalzeitungen, da waren die Schauspieler und die Schauspielerinnen des nahen Stadttheaters. Direkt am Nebentisch saßen fünf junge, gutaussehende Frauen, die Dorothy für Sängerinnen oder Tänzerinnen hielt. Und mit einem Mal fand sie es jammerschade, dass sie William nicht zu einem Theaterbesuch hatte überreden können.

Es war in der Tat ein bunt gemischtes Publikum, das sich hier in diesem Café wohl täglich zu treffen schien... ein Publikum alles andere als langweilig, für Scherze und auch für Komplimente aufgeschlossen. Man lachte gern, schien auch den einen oder anderen Kummer einfach weglachen zu wollen. Für ernste Gespräche schien sich ein Kaffeehaus in Deutschland offensichtlich weniger anzubieten. Offen seine Meinung zu sagen... vielleicht war man damit in Deutschland sehr viel vorsichtiger als in Amerika.

Erst als Dorothy wieder draußen auf der Straße stand, entdeckte sie an der Fassade des Cafés das helle Leuchtband, auf dem permanent die neuesten Nachrichten angezeigt wurden. Sie musste lächeln. Ist ja fast so wie bei uns am Times-Square, dachte sie, wenn auch deutlich weniger trubelig und zwei oder drei Nummern kleiner.

Die Verhandlungen zwischen William D. Wood und den Vertretern der Stadt zogen sich noch zwei weitere Tage hin.

Die Suche nach dem für das geplante Werk geeigneten Gewerbegebiet erwies sich als schwieriger als gedacht. William legte großen Wert auf einen unkomplizierten Anschluss an das Schienennetz der Reichsbahn. Wie anders könnte man unter Zeitdruck termingerecht an Opel, an Ford oder den einen oder anderen deutschen Automobilhersteller liefern. Aber ein Gleisanschluss war teuer, schien nicht überall machbar zu sein. Wie so oft steckte der Teufel im Detail.

Aber letztlich einigte man sich: Die *Wood Germany* würde ihre neue Fabrik am südwestlichen Rand von Krefeld bauen. Ein Leuchtturmprojekt... alle würden an einem Strang ziehen. William D. Wood strahlte und schüttelte den Vertretern der Stadt euphorisch die Hände.

Noch am gleichen Tag kam es zu der feierlichen Unterzeichnung der Dokumente.

Natürlich handelte es sich nicht um die definitiven Vertragstexte, daran würden die Juristen auf dieser und der anderen Seite des Atlantiks noch Wochen, wenn nicht Monate arbeiten müssen. Was unterzeichnet wurde, war ein ‚Letter of Intent', eine Absichtserklärung, die an sich nicht bindend war, aber deren wichtige Punkte in den endgültigen Vertragstext übernommen werden würden. Dies versprachen beide Parteien... hoch und heilig. „My word is my bond", verkündete William mit feierlicher Stimme und prostete allen zu. „Ja, mein Wort gilt. Auf mich kann man sich verlassen."

Für den Abend hatte der Oberbürgermeister der Stadt Krefeld William und Dorothy zu einem Dinner in kleinem Kreis in die repräsentativen Räume der noblen *Gesellschaft Verein* am Ostwall eingeladen.

Das Menu... als Vorspeise Waldorf-Salat, gefolgt von gebratener Ente an Orangensoße, als Dessert kleine Windbeutel mit Cremefüllung... kam gut an. Als Getränke wurden Sekt, Weißwein vom Rhein und Rotwein von der Ahr ausgeschenkt, und als krönender Abschluss ein Glas Weinbrand aus dem Hause *Dujardin*. Die Stimmung war locker, heiter, sogar beschwingt.

Dorothy erzählte begeistert und detailverliebt von ihrer Droschkenfahrt nach Linn und Uerdingen, lobte die besondere Herzlichkeit der Krefelder, berichtete charmant von ihrem Besuch in einer Samtweberei. Ja, vielleicht würde sie Samtkleider sogar in ihre nächste Herbst-und-Winter-Kollektion aufnehmen. Warum eigentlich nicht? Sogar die drei Männer, die für die Stadt die Verhandlungen geführt hatten, konnten sich zu einem Lächeln durchringen. Einer fragte sogar, ob Dorothy die berühmte Grillagetorte im *Café Parkhof* geschmeckt habe.

‚Krefeld wird Autostadt!', so lautete am nächsten Morgen die mit einem dicken Ausrufungszeichen versehene Schlagzeile auf Seite eins des Tagesanzeigers. Der anschließende Artikel verbreitete viel Optimismus, der Kommentar des Chefredakteurs sprach sogar von einer wirtschaftlichen

Zeitenwende für die Stadt und die gesamte Region. „Dollarregen bringt uns viel Segen", hieß es, und jeder wusste, was damit gemeint war.

Am nächsten Morgen hatten William und Dorothy Wood den *Krefelder Hof* schon in aller Herrgottsfrühe verlassen und waren am Hauptbahnhof in den D-Zug nach Bremen gestiegen.

Dort würden sie noch eine Nacht im eleganten *Parkhotel Kurhaus* verbringen. Schon vor Wochen hatte William für sich und seine Frau auf dem nach neuesten technischen Erkenntnissen gebauten Schnelldampfer ‚Bremen' eine Passage in der ersten Klasse gebucht. Dem viel bewunderten Atlantikliner war es schon bei der Jungfernfahrt gelungen, das ‚Blaue Band' zu erringen.

Und auch dieses Mal konnte die ‚Bremen' ihre Schnelligkeit unter Beweis stellen: Schon nach knapp fünf Tage erreichten William und seine Frau New York. Als die Wolkenkratzer-Skyline Manhattans auftauchte, standen Dorothy die Tränen in den Augen. Was für eine ergreifende, unvergessliche Erfahrung.

Aber nicht alles lief gut ab, ganz im Gegenteil. Schon nach vier Wochen zerplatzte er: Der große Autostadt-Traum der Krefelder. Wie aus heiterem Himmel... und buchstäblich über Nacht.

Am 24. Oktober 1929 krachte die New Yorker Börse, die schon immer nur Wall Street genannt wurde, wie ein Kartenhaus in sich zusammen. Panik brach aus, nicht nur in Amerika, sondern fast überall auf der Welt.

Die Kurse stürzten und stürzten, es gab kein Halten mehr. Der größte Börsenkrach der Geschichte riss alle und alles mit sich. Auch William D. Wood verlor sein riesiges Vermögen. Sämtliche Automobilaktien, die er besaß, wurden wertlos. Schlimmer noch, in seinem Glauben an anhaltend goldene Börsenzeiten hatte er - unmittelbar vor dem Crash - hohe Kredite aufgenommen und wie ein Verrückter auf weiter steigende Kurse spekuliert. Jetzt fiel alles über ihm zusammen, nichts konnte gerettet werden.

Das mit ach so viel Hoffnung verbundene, und mit viel Brimborium angekündigte neue Werk für Autozulieferungen in Krefeld war einem sich selbst verstärkenden, für undenkbar gehaltenen Finanztumult zum Opfer gefallen, einer Börsenkatastrophe mehr als sechstausend Kilometer Luftlinie vom Niederrhein entfernt.

Was letztlich übrigblieb, war Heißluft... nichts als Heißluft.

Fünfundfünfzig Gäste

Schon allein die Lage war wunderschön.

Das früher als landwirtschaftliches Gut genutzte Anwesen lag auf einer kleinen Anhöhe mit herrlich weitem Blick über Wiesen und Felder bis hin zum großen Fluss. Die weißen, repräsentativen Villen auf der anderen Rheinseite schienen freundlich herüberzugrüßen.

In das hellgelb geschlemmte, stattliche Herrenhaus war längst die Gastronomie eingezogen. Erst als volkstümliches Ausflugslokal für Kaffee und Kuchen, für Bockwurst und erstaunlich große Schnitzelportionen. Dann - nach gelungenem Umbau - als äußerst ambitioniertes, hochpreisliches Feinschmeckerlokal, über den Klee gelobt und Jahr für Jahr mit zwei Sternen ausgezeichnet. Und zuletzt, genau erst seit gut einem Jahr, als modernes, kreatives Bistro-Restaurant mit legerem Ambiente, aber hohem Qualitätsanspruch. Dazu hervorragende Cocktails und Weine. Keiner der Gäste beschwerte sich über die nicht gerade niedrigen Preise.

Das neue Konzept war Dirks Idee gewesen, wieder einmal hatte er sein besonderes Fingerspitzengefühl bewiesen.

In kürzester Zeit hatte sich sein Bistro zu einer der angesagtesten Adressen im Umfeld von Düsseldorf entwickelt. War Abend für Abend ausgebucht, auch bei bekannten

Politikern, bei Werbeleuten und Schauspielern beliebt. Gut essen und trinken, sehen und gesehen werden. Wer zu Dirk wollte, musste weit im Voraus reservieren.

Der 4. Mai 2018 war ein Freitag. Ein Tag, der Dirk Vandenbergs Leben ziemlich durcheinanderbringen, nein... völlig auf den Kopf stellen würde.

Er war gerade erst im Bistro angekommen, war nur kurz im gewölbeartigen Weinkeller gewesen und hatte nochmals die Gästeliste für den Abend überflogen. Plötzlich klingelte es an der Eingangstür... einmal, zweimal. Und dann noch einmal. Dirk zögerte, ging aber dann doch zur Tür, schloss auf und schaute in das Gesicht einer Frau, die ihn anlächelte, selbstbewusst, aber auch fast schon vertraut.

„Ach, was habe ich für ein Riesenglück. Der Chef persönlich. Hallo Dirk, kannst du dich noch an mich erinnern. Zugegeben: Sind ja schon ein paar Jahre her. Ich bin halt nicht mehr die junge Frau von damals, die manche für schrecklich exaltiert hielten. Eine Rolle, die ich übrigens gern gespielt habe. Aber ich bin die Frau, die diese eine laue Sommernacht mit dir hier am Rhein nie vergessen hat. Über all die Jahre nicht. Und den Song, den wir beide so liebten auch nicht. Weißt du überhaupt, was ich meine, wovon ich rede?"

Dirk schaute sie fragend, ja ungläubig an, schüttelte unbewusst den Kopf, irgendetwas schien sich in ihm zu sperren.

Aber dann... urplötzlich... hellte sich sein Gesicht auf, seine Augen schienen sogar zu lächeln:

„Ja, ja, natürlich. Was ist das lange her. Mein Gott... Katharina! In meinem Kopf ist noch immer ein ziemliches Durcheinander, entschuldige bitte. Aber ich fange an, mich zu erinnern. Stückchenweise kommt alles zurück. Gib mir ein paar Sekunden Zeit... war wunderschön damals. Und Patti Smith war daran nicht ganz unschuldig. Ihr Song *Because the Night*... die Nacht gehört den Liebenden... das war der Song, den wir beide so mochten, den wir immer und immer wieder gehört haben. Ich denke, alles andere hat sich dann wie von selbst ergeben."

Er drückte Katharina an sich, hielt sie, ohne etwas zu sagen, minutenlang fest in seinen Armen. Eine innige Umarmung, aus der sich Katharina als erste löste:
„Dirk, ich bin heute aus einem ganz besonderen Grund hier."
„Du willst mir doch sicher zum Geburtstag gratulieren, oder?"
„Ja, das auch. Dein Fünfundfünfzigster. Das weiß ich alles noch ganz genau. Und ich habe auch erfahren, dass du mit einer Riesenfete in deinen Geburtstag hineinfeiern wirst. Das Bistro wird überquellen, lauter gutgelaunte Gäste. Viel Prominenz. Die Medien werden ausführlich berichten und kostenlose Werbung für dich machen. Das hast du doch bestimmt schon alles perfekt in die Wege geleitet. Aber ich... ich habe etwas ganz anderes auf dem Herzen... habe lange darüber nachgedacht, ob ich dir das überhaupt sagen soll.

Damals, in dieser einen gemeinsamen Nacht mit dir, bin ich schwanger geworden. Dirk, du hast eine Tochter, und aus der kleinen Charlotte ist inzwischen eine kluge, bildschöne, erwachsene junge Frau geworden."

Für einen Moment stand Dirk wie erstarrt vor ihr, schüttelte den Kopf, schien an Katharina vorbeizuschauen, auf irgendeinen fernen Punkt fixiert zu sein. Und brauchte eine ganze Weile, bevor er mit wegwerfender Handbewegung feststellte:

„Katharina, wenn das alles wahr sein sollte, warum hast du mehr als fünfundzwanzig Jahre gewartet, um mir dies zu sagen. Für wie blöd hältst du mich eigentlich."

„Dirk... du bist im Moment schlichtweg überfordert. Das verstehe ich, du reagierst genauso, wie ich es mir vorgestellt hatte.

Vielleicht sollte ich dir das eine oder andere kurz erklären. Ich war damals bereits verheiratet. Dass ich schwanger geworden bin, das war also überhaupt kein Problem. Mein Ehemann hat sich gefreut, er hat Charlotte unglaublich geliebt, obwohl ich mir nie sicher war, ob er nicht doch etwas geahnt haben könnte.

Jetzt bin ich seit über einem Jahr Witwe, jetzt ist der Zeitpunkt, die Wahrheit auf den Tisch zu legen. Dirk, wenn du Charlotte zum ersten Mal siehst, wirst du keine Zweifel mehr haben. Sie sieht dir unglaublich ähnlich. Der Mund... die Augen... die Gestik.. alles. Du wirst nicht leugnen können, dass sie deine Tochter ist. Du wirst stolz auf sie sein. Übrigens: Ich komme heute Abend mit ihr zu deiner Geburtstagsfete. Wir laden uns selbst ein. Halte doch bitte zwei Plätze für uns frei."

Aber dann kam es doch nicht so, dass sich Dirk und Charlotte erst auf der Geburtstagsfete zum ersten Mal begegnen sollten. Die beiden verabredeten sich unten am Flussufer nahe der alten, arg verwitterten Parkbank, die bisher noch jedes Hochwasser und schier unzählbare Liebesschwüre überstanden hatte. Spaziergänger kamen hier nur noch selten vorbei.

Als Dirk zum verabredeten Treffpunkt kam, hatte Charlotte schon einige Minuten auf der Parkbank auf ihn gewartet. Und sie machten das Beste, was sie machen konnten. Die beiden ließen sich Zeit, viel Zeit. Ganz vorsichtig und zaghaft versuchten sie, sich zu nähern, konnten und wollten nicht verbergen, wie unsicher, wie gehemmt, wie beklommen sie waren.

Aber dann, von einem Moment auf den anderen, lagen sie sich in den Armen, staunten darüber, was gerade mit ihnen passierte. Plötzlich schien alles irgendwie ineinander zu fließen. Weinen, Lachen, das unendliche Gefühl von Glück, das sie durchströmte. Vater und Tochter setzten sich beide auf die Bank, schauten auf den großen Fluss, auf die kraftvolle

Strömung, den überraschenden Wellengang, erzählten aus ihrem Leben, vergaßen die Zeit.

„Und, Charlotte, wie hat er es aufgenommen, dass er bald Opa wird?“, Katharina war die ganze Zeit aufgeregt im Gastgarten des Bistros auf und ab gegangen, hatte auf ihre Tochter gewartet und immer wieder Richtung Parkbank geschaut.

„Unglaublich hat er reagiert, riesig gefreut hat er sich. Ich glaube, er hatte die kleine Wölbung an meinem Bauch schon längst entdeckt. Ja, Dirk hat sich wirklich prächtig geschlagen. Und charmant ist er ja ohnehin. Aber das brauche ich dir ja nun wirklich nicht zu erzählen. Wenn ein Mann innerhalb von Stunden damit konfrontiert wird, dass er eine erwachsene Tochter hat, dass er sich dann bitte auch darauf einstellen sollte, bald Großvater zu werden, dann gerät ja doch einiges durcheinander. Dirks Welt hat vielleicht kurz gewackelt, aber eingestürzt ist sie sicher nicht. Ganz im Gegenteil.“

„Hat er denn sonst noch etwas gesagt oder gefragt?“, Katharina schien nicht locker lassen zu wollen.

„Natürlich hat er das. Wollte alles von mir wissen. Er hat mich sogar gefragt, ob ich zu seiner Geburtstagsfeier heute Abend nicht meinen Mann mitbringen möchte. Dass es bei mir weder Ehemann noch Partner oder Partnerin gibt, darauf hat er mit einem lapidaren ‚Ach so‘ reagiert und gegrinst. Sah dabei richtig jungenhaft aus. Und dann, Katharina, bevor ich es vergesse: Über dich wollte er tatsächlich wissen, ob du solo bist oder nicht. So jedenfalls hat er sich ausgedrückt. Ganz gleichgültig scheinst du ihm ja nicht zu sein."

‚Empfang ab 19 Uhr' so stand es in den elegant designten Einladungen, die Dirk verschickt hatte. Und er hatte Glück: Wegen der milden Temperaturen konnten Prosecco, Cocktails und welche Getränke auch immer auf der leicht erhöhten, mit gepflegten Buchenhecken eingefassten Bistro-Terrasse serviert werden. Die illustren Gäste waren erstaunlich pünktlich, lobten zum wiederholten Mal die malerische Location, mitten in dieser herrlich unberührten Natur, und doch so nah an der Großstadt.'

Überhaupt war Small Talk angesagt, man parlierte, man scherzte, man lachte. Man feierte sich selbst. Der Geräuschpegel stieg, das Gezwitscher und der Gesang der Vögel gingen dabei einfach unter.

Die Frauen strahlten, trugen atemberaubende High Heels und glitzerten in ihren unverkennbar teuren Kleidern und Kostümen. Die Männer trugen enggeschnittenen Anzüge, meist in Blautönen, die jugendlich wirken sollten, manchmal aber genau das Gegenteil bewirkten. Aber und vor allem: Jeder schien sich bestens zu amüsieren.

Und Dirk war überall, nahm Glückwünsche entgegen, verbreitete gute Laune, schüttelte Hände, umarmte Bekannte und Freunde, hauchte Wangenküsse und hielt sogar noch eine kurze Rede... „Mein 55. Geburtstag steht an, und es sind genau 55 Gäste, die Spaß und Zeit haben, mit mir zu feiern. Ihr seht: Alles passt zusammen, die fast perfekte kleine Welt. Ganz herzlich willkommen. Ich freue mich auf einen wunderschönen Abend mit euch."

Und dann... schob er doch noch einen Satz hinterher, und es klang wie immer bei ihm locker-leicht:
„Für mich ist dieser Geburtstag schon jetzt außergewöhnlich. Er hat für mich unglaubliche Überraschungen im Gepäck. Und Überraschungen, die einen wirklich überraschen, können, wenn man Glück hat, ganz wunderbar sein."

Alle lächelten, applaudierten freundlich und prosteten Dirk zu, der sich blitzschnell zwischen Katharina und Charlotte gestellt hatte, und sich dort sichtlich wohlzufühlen schien.

Der erste Gang des Bistro-Gourmet-Menus konnte serviert werden.

Die Fabrik

Norbert war Vollwaise. Dennoch hatte er Glück im Unglück gehabt.

Kurz vor Kriegsende war sein Vater in dem völlig sinnlosen Kampf gegen die vorrückenden Briten und Kanadier ums Leben gekommen. Und in eben diesen letzten Kriegstagen war Norbert geboren worden. Eine überaus komplizierte Geburt, seine Mutter war wenige Tage danach gestorben. Die Ärzte in dem bis auf einige Kellerräume völlig zerstörten städtischen Krankenhaus hatten nichts mehr für sie tun können. Aber: Norberts Großeltern waren sofort zur Stelle: Ohne lange zu überlegen, nahmen sie den Neugeborenen zu sich. Und kümmerten sich liebevoll um ihn.

Für ein Zweitausend-Einwohner-Dorf wie Hohenroos bewohnten Ruth und Heinz Degroot ein recht stattliches Geschäftshaus, in dem sowohl das Schuhgeschäft als auch die Schuhmacher-Werkstatt und die örtliche Post untergebracht waren.

Dazu gab es hinter dem Haus einen großen, sonnigen Garten mit Rasen und schönen Blumenrabatten. Besonders stolz waren Norberts Großeltern auf ihren Nutzgarten, in dem neben Kartoffeln, Möhren, Weiß- oder Rotkohl auch herrlich schmackhafte Salate und nicht alltägliche Gemüsesorten angebaut wurden, in dem sie mit ein wenig Wetterglück erstaunliche Mengen Erdbeeren und Himbeeren ernteten.

Der Garten der Familie Degroot grenzte an einen fast wilden, mit knorrigen Apfel- und Birnbäumen bestandenen großen Bongert, der Franz Janssen, dem nicht immer gut gelaunten größten Bauern im Dorf gehörte. Hier tummelten sich wilde Kaninchen, und es wurden von Jahr für Jahr mehr. Hier gab es Hühner und stolz krähende Hähne. Hier weideten schwarz-weiße gescheckte Milchkühe, hin und wieder auch die schweren, gutmütigen Kaltblüter-Arbeitspferde des Bauern, die Norbert in sein Herz geschlossen hatte.

Für den Jungen waren Oma Ruth und Opa Heinz Eltern und Großeltern zugleich. Manchmal, aber dies passierte eigentlich nur, wenn er fürchterlich aufgeregt war, nannte er sie auch schon einmal Mama oder Papa. Dafür schämte er sich dann sogar ein wenig.

Norbert wusste, dass er bald eingeschult wurde... und... obwohl er dies nie zugegeben hätte... ein klein wenig fürchtete er sich schon davor.

Jeden Tag, meist wenn er von Oma Ruth zum Bäcker geschickt wurde, kam er an den zwei dunklen, wenig Gutes verheißenden Gebäuden der Dorfschule vorbei, die schräg gegenüber der Kirche lagen. Er hatte gehört, wie streng der Hauptlehrer sein konnte, dass die Schüler während des Unterrichts ruhig sitzen mussten, dass man aufzeigen musste, wenn der Lehrer etwas fragte, dass mit dem Banknachbarn zu schwätzen streng untersagt war, dass es sogar Lehrer gab, die Ohrfeigen oder Kopfnüsse austeilten, die schrecklich weh taten.

Und dann... war Norbert wirklich an der Reihe. Im Frühjahr 1951, mit knapp sechs Jahren, wurde er eingeschult.

Zum ersten Schultag hatte Oma Ruth ihren Enkel fein ausstaffiert: Die blonden Haare sorgfältig gescheitelt, die kurze Jersey-Hose, die sonst nur sonntags angezogen werden durfte, helle Kniestrümpfe und den gemusterten Wollpullover, den sie extra für ihn gestrickt hatte. Dazu neue Sandalen... sogar mit dem gerade neu erfundenen Fußbett.

Norbert strahlte... mit seinem hellbraunen Lederranzen auf dem Rücken, in dem sich ein rechteckiges Holzkästchen für Griffel, ein kleiner Schwamm und die mit hellem Holzrahmen eingefasste Schiefertafel befanden.

Aber das Schönste an diesem Tag war die große Schultüte, die so schön grün und blau und gelb glänzte und mit Nüssen, zwei kostbaren Bananen, sauren Bonbons und einer kleinen Tafel Vollmilch-Nuss-Schokolade gefüllt war. Und dann machte Opa Heinz mit seiner uralten Agfa-Kamera sogar noch zwei Fotos: Norbert samt Schultüte neben einem selbstgebastelten viereckigen Pappschild, auf dem in Schönschrift und großen Lettern ‚Mein erster Schultag' fein säuberlich aufgepinselt war.

Zur kleinen Feier des Tages hatte Oma Ruth einen Kirschstreusel gebacken und dazu echten Bohnenkaffee aufgebrüht. Später wurde sogar Eierlikör ausgeschenkt, nicht irgendeiner, sondern der mit dem besonders schönen Etikett auf der Flasche. Schon nach zwei oder drei - zugegeben recht schnell hintereinander getrunkenen - Gläschen wurde es Marianne, der sonst eher spröden, älteren Schwester von Ruth, ungewohnt warm ums Herz. Sie zog den verdutzten Norbert an ihren mit reichlich Kölnisch Wasser getränkten Busen, gab ihm einen dicken Kuss mitten auf die Stirn und verkündete: „Mein lieber Junge, du wirst es im Leben zu etwas bringen. Da bin ich mir ganz sicher."

Zu dieser Zeit, Anfang der 1950-er Jahre, war Hohenroos ein Dorf, das vieles zu bieten hatte: Eine viel bewunderte, weit über die Region hinaus bekannte Kirche, schöne Bauernhöfe, solide Bürgerhäuser, einen Sportverein, die unmittelbare Nähe zum Rhein. Ein Dorf, das von manch anderen beneidet wurde.

Das hatte auch mit der großen Fabrik zu tun, die mit ihren Produktionsanlagen und rauchenden Schornsteinen allerdings immer näher herangerückt war.

Die meisten der Bewohner von Hohenroos waren dort beschäftigt und verdienten gutes Geld. Die Handwerker vor Ort - ob Schreiner, Dachdecker, Klempner oder Schlosser - profitierten davon, dass sie von der Fabrik Aufträge erhielten. Die kleinen Ladengeschäfte - ob Bäcker, Metzger,

Lebensmittelhändler - profitierten, weil die Arbeiter und Angestellten dort in der Mittagspause einkauften. Der Friseur verdiente, der Schuster verdiente. Und an Tagen, an denen die Löhne ausbezahlt wurden, stieg der Bier- und Schnapsumsatz in den Dorfgaststätten um das Vielfache, es wurde geraucht, was das Zeug hielt. Die Kassen klingelten.

Wenn es der Fabrik gut geht, geht es auch dem Dorf gut, hieß es. Und wenn die Schornsteine ordentlich qualmten, war das doch ein gutes Zeichen oder etwa nicht? Zugegeben, was aus den Schornsteinen in die Luft herausgepustet wurde, roch nicht immer nach Gesundbrunnen. Oft genug waberte ein beißender, chemischer Gestank über dem Dorf, hüllte alles ein. Bis in die letzte Ecke. Aber das war dann wohl der Preis, den man zahlen musste. Auch der Hohenrooser Gemeinderat schien dieser Meinung zu sein, dachte nicht daran, das heikle Thema auf seine Tagesordnung zu setzen. Zumal der Wind aus Westen oder Südwesten immer irgendwann auffrischte und die schlechte Luft einfach wegpustete.

***

Aber dann geriet plötzlich vieles, wenn nicht alles, ins Wanken. Und es war ausgerechnet Norbert, der die Sache ins Rollen brachte.

Nach dem sonntäglichen Mittagessen war er nicht, wie sonst üblich, sofort aufgestanden, um den Kinderfunk im Radio nicht zu verpassen. Norbert blieb sitzen, schaute verlegen zu seinem Großvater herüber, druckste herum und rückte erst dann... zögerlich... mit der Sprache heraus:

„Opa, ich bin ganz traurig. Peter Janssen, den kennst du doch... der jüngste Sohn vom Großbauern... Peter kann bald nicht mehr mein Freund sein."

„Warum das denn? Habt ihr euch denn so schlimm gestritten. Aber selbst dann", Heinz lächelte, „so etwas lässt sich doch bestimmt wieder einrenken."

„Nein, Opa, du verstehst mich falsch. Die Janssens haben ihren Bauernhof und all die Ländereien, die ihnen gehören, verkauft. Peter hat fürchterlich geweint, als er mir das erzählt hat. Die ganze Familie zieht weg aus Hohenroos. Für immer weg. Irgendwo hin... an die holländische Grenze. Peter kennt dort keinen. Ist das nicht schrecklich?"

Opa Heinz, der sich schon auf seinen sonntäglichen Mittagsschlaf gefreut hatte, war plötzlich hellwach:

„Norbert, hat er das wirklich so gesagt? Oder denkst du dir das alles nur aus?"

„Nein Opa, Peter hat sogar gesagt, dass das noch niemand im Dorf wissen würde. Alles sei noch streng geheim. Aber seine Eltern wären schon in der Stadt beim Notar gewesen und hätten alles unterschrieben. Sie würden von morgens bis abends nur noch über den geplanten Umzug sprechen. Alle wären verrückt geworden."

„Und, Norbert, hat dein Freund dir denn verraten, an wen Bauer Janssen verkauft hat?“

„Ja, Opa, hat er... obwohl seine Eltern ihm das streng verboten hatten. Die Janssens haben mit einem der Direktoren der großen Fabrik verhandelt. Die Fabrik war der Käufer. Der riesige Bauernhof mitten im Dorf... die ganzen Wiesen, die Felder, die riesigen Flächen... alles wird Fabrikgelände. Auch der schöne Bongert hinter unserem Garten, wo Peter und ich doch immer so gern gespielt haben. Vor allem im Sommer. Ich kann mir das alles überhaupt nicht vorstellen. Opa, ich bin so froh, dass ich dir das alles erzählt habe.“

Für Heinz Degroot war das, was er von Norbert erfahren hatte, eine Nachricht, die - über kurz oder lang - alles auf den Kopf stellen könnte. Als Vorsitzender des Gemeinderats entschloss er sich auf der Stelle, die vier anderen Mitglieder für Montagabend 19 Uhr zu einer Dringlichkeitssitzung einzuladen. Erscheinen Pflicht. Treffpunkt: Wie immer im Hohenrooser Hof.

In der Tat waren alle erschienen. Wie immer überpünktlich. Hauptlehrer Scheuten, Bäckermeister Lenzen, Paul Berns... Eigentümer des gleichnamigen Lebensmittelgeschäfts... und natürlich Pfarrer Löhr, ohne den im Dorf nichts verabredet, beschlossen oder bewegt werden konnte.

Selten war im Hohenrooser Gemeinderat so aufgeregt diskutiert worden. Gleichzeitig waren sich selten alle so einig:

Dorfleben und Dorf würden auf der Kippe stehen. Und alles könnte recht schnell passieren.

Hauptlehrer Scheuten nahm kein Blatt vor den Mund:

„Also, meine Herren. Wenn der Bauernhof Janssen in der Mitte unseres Dorfes verschwindet, wenn dort alles platt gemacht wird für was auch immer, dann ist das Ende von Hohenroos eingeläutet.

Ich tippe übrigens, es wird dort ein riesiger Parkplatz gebaut werden. Wo denn sonst sollen all die Busse parken, mit denen die am ganzen Niederrhein wohnenden Arbeiter und Angestellten jeden Tag nach hier gekarrt werden?

Bitte macht euch nichts vor: In Zukunft wird das Dorf nicht nur zum Anhängsel, zum Wurmfortsatz der großen Fabrik, nein, man setzt uns einen gigantischen Parkplatz vor die Nase. Statt auf einen schönen Bauernhof samt Herrenhaus werden wir auf unendlich hässlichen Asphalt, auf Blechlawinen von Autos und Bussen, auf Krafträder und Mopeds schauen. Auch auf lärmende Baufahrzeuge, denn die werden dort ebenfalls herumstehen. Für mich ein Schreckensszenario, das nicht mehr aufzuhalten sein wird."

Heinz Degroot nickte zustimmend und schlug in die gleiche Kerbe:

„Wenn sich herumspricht, und das wird schon bald geschehen, dass Bauer Janssen alles an die große Fabrik verkauft hat, dann werden andere hellhörig werden. Sollte sich herausstellen, dass mehr und mehr Dorfbewohnern angeboten wird, ihre Häuser oder Grundstücke zu verkaufen, dann ist der Erdrutsch nicht mehr aufzuhalten.

Die große Fabrik will expandieren, muss expandieren, braucht Platz, fackelt nicht, ist bereit, für unsere Häuser und Grundstücke wahrscheinlich weit über Preis zu zahlen. Das ganze Dorf wird geschluckt werden. Nichts wird mehr übrig bleiben. Vielleicht ja noch die Kirche. Das wird man sich wohl nicht trauen. Aber ihre Gemeinde wird schrumpfen, Herr Pfarrer, von Jahr zu Jahr fürchterlich schrumpfen. Und ganz am Schluss werden sie nur noch allein in der Kirche stehen."

Alle starrten auf Pfarrer Löhr, der aber lediglich zustimmend mit dem Kopf nickte. Klar, dachte Heinz und ärgerte sich, der hält sich zurück, weil er mit dem Großbauern dick befreundet ist. Weiß wahrscheinlich viel mehr, als wir alle zusammen.

Paul Berns, Eigentümer des in der Nähe der Kirche gelegenen Lebensmittelgeschäfts, wirkte übernervös, saß schon den ganzen Abend mit hochrotem Kopf auf seinem Platz. Ihn schien die hitzige Diskussion besonders mitzunehmen.

„Da gibt es noch etwas anderes, was mir große Sorgen macht. Auch wenn es sich nur um ein Gerücht handelt. Ich habe gehört, dass die große Fabrik plant, ein riesiges Casino-Gebäude zu bauen. Einen hochmodernen, voll verglasten

Bau, in dem die Arbeiter und Angestellten mit Blick auf den Rhein zu Mittag essen können. Wenn das passieren sollte, meine Herren, dann werden all die schönen Mittagspausenumsätze der Hohenrooser Geschäftswelt in sich zusammenfallen. Dann fliegt uns hier alles um die Ohren. Der Pleitegeier wird seine Freude haben.

Wenn ich ehrlich sein soll: Ich bin froh, dass ich schon so alt bin. In zwei oder drei Jahren wollte ich meinen Laden ohnehin dicht machen. Es sei denn, ich würde einen Nachfolger finden. Aber dieses Thema hat sich jetzt ja wohl erledigt."

Pfarrer Löhr, sonst einer der Wortführer im Gemeinderat, hatte sich weiter kaum an der Diskussion beteiligt. Er sah blass und kränklich aus und vergaß sogar, sein Bier auszutrinken. Vielleicht war ihm vor lauter Schreckensszenarien ja auch nur schwindlig geworden.

***

Das Dorf Hohenroos gibt es längst nicht mehr. Die Ängste und Befürchtungen des Gemeinderats hatten sich mehr als bewahrheitet.

Allein die Kirche mit ihrem markanten, romanischen Turm steht nach wie vor aufrecht da und schaut auf eine Gemeinde, die sich in alle Winde zerstreut hat.

Von dem kleinen Platz zwischen Kirche und Friedhof hat man einen guten Blick auf die immer wieder veränderte, aber nach wie vor mächtige Industriekulisse mit dem auf Stelzen ruhenden, nicht enden wollenden Gewirr von Rohrleitungen. In Rot, in Gelb, in Blau. Auch silberfarben.

Rohrleitungen... die neuen Lebensadern von Hohenroos.

Allgemeine Anmerkung

Handlung, Personen und das Beziehungsgeflecht, das die Personen miteinander verbindet, sind frei erfunden. Bei Kurzgeschichten mit realem/ historischem Hintergrund verbinden sich Fiktion und wirkliches Geschehen

Mahler

Zum Thema Gustav und Alma Mahler (Kurzgeschichte ‚Auf Seide gebettet‘): Karl Josef Müller: Mahler/ Leben-Werk-Dokumente, erschienen in 2015 bei Schott.

Patti Smith

Der in der Kurzgeschichte ‚Fünfundfünfzig Gäste‘ erwähnte Song ‚Because the Night‘ erschien 1978 und wurde gemeinsam von Patti Smith und Bruce Springsteen geschrieben.

Wilhelm Rennebaum

Shaker Media

ISBN 978-3-95631-464-3

252 Seiten

Deutsch

Paperback

21 x 14,8 cm

16,90 EUR

Zeitenwende

Roman

Die deutsche Provinz in den 1950-er Jahren: Daelhuysen, eine idyllische Kleinstadt am linken Niederrhein, ist stockkonservativ und die allgegenwärtige Prüderie treibt seltsame Blüten. Aber in den Nachkriegs-Jahren herrscht hektische Aufbruchsstimmung. Vieles gerät ins Wanken. Halbstarke provozieren, Frauen werden aufmüpfig, die Moralvorstellungen beginnen sich zu ändern. Dann der Paukenschlag: Bürgermeister Rademacher verkündet eine nie für möglich gehaltene Neuigkeit. Die Stadt soll Vorreiter werden. Aber die Sache, um die es geht, ist heikel...sehr heikel sogar.

Wilhelm Rennebaum

Shaker Media

ISBN 978-3-95631-663-0

314 Seiten

Deutsch

Paperback

21 x 14,8 cm

16,90 EUR

Achterbahn

Ein Niederrhein-Roman

Tobias Thürling ist ein infamer Betrüger und skrupelloser Hochstapler. Gleichzeitig ein genialer Selbstdarsteller, der durch Charme und Eloquenz punktet und den Frauen den Kopf verdreht. Sein chaotisches Leben gleicht einer schlingernden Achterbahn - jedenfalls solange, bis er unerwartet ein beträchtliches Vermögen erbt. Zum ersten Mal trifft er seinen Vater, den Industriellen Justus von Schnell, der sich nie um seinen unehelichen Sohn gekümmert hat. Der Roman spielt am linken Niederrhein und in Düsseldorf, mit Querverbindungen nach Amsterdam und bis in das politische Berlin hinein.

Wilhelm Rennebaum

Shaker Media
ISBN 978-3-95631-805-4
162 Seiten
Deutsch
Paperback
21 x 14,8 cm
13,90 EUR

Mittendrin

Kurzgeschichten

Elf höchst unterschiedliche, spannende Kurzgeschichten. Interessante, vielschichtige Charaktere, überraschende Wendungen - atmosphärisch dicht und mit hintergründigem Humor erzählt.

Ein weiter Bogen vom Dorfleben am Niederrhein in den 1950-er Jahren bis heute. Kleine Geschichten über den Alltag, der alles andere als alltäglich ist. Über Liebe und zufällige Begegnungen. Über enttäuschte Hoffnungen und Irrwege. Über Wünsche und Ziele, die man nicht aus dem Auge verlieren sollte.

Der Sammelband ‚Mittendrin' ist im Jahr 2020 erschienen.

Wilhelm Rennebaum

Shaker Media
ISBN 978-3-95631-931-0
210 Seiten
3 Abbildungen
Deutsch
Paperback
21 x 14,8 cm
15,90 EUR

All die Jahre

Kurzgeschichten

Ein US-Vizepräsident, der für Verwirrung sorgt... eine ganz und gar nicht alltägliche Busreise... ein wunderbares Wiedersehen nach mehr als 40 Jahren... Literatur in der Straßenbahn... das Geheimnis eines Bücherregals... ein junger Student, der auf ein heikles Angebot eingeht: Insgesamt elf Kurzgeschichten mit viel Lokalkolorit, interessanten Charakteren und unerwarteten Wendungen.

Mit von der Partie: Ein eifriger Zauberlehrling, ein charmanter Hochstapler, eine nicht mehr ganz so junge Schauspielerin, ein Englischlehrer, der nicht mehr weiß, was er glauben soll.

Die Erzählungen spielen am linken Niederrhein, vor allem im Krefelder Raum, aber auch in Städten wie Köln oder Amsterdam.